## Оглавление

Глава 1. ...........................................................................................................2
По щучьему веленью ..................................................................................2
Глава 2. .........................................................................................................12
Спокойствие, только спокойствие... Дело-то житейское. ....................12
Глава 3. .........................................................................................................23
Белая берёза под моим окном ................................................................23
Глава 4. .........................................................................................................31
Будьте добры, помедленнее! Я записываю… ........................................31
Глава 5. .........................................................................................................66
Умом Россию не понять ...........................................................................66
Источники: .................................................................................................76
**AUDIO & VIDEO materials**............................................................................77

# Глава 1.
# По щучьему веленью

> Сказка — ложь, да в ней намёк!
> Добрым молодцам урок.
>
> *А.С. Пушкин*

**Задание 1.** Прочтите цитату Пушкина. Сказка – игра ума, чистая фантазия или образец национального искусства и художественной выразительности?

Посмотрите на иллюстрацию. Как Вы думаете, о какой сказке будет идти речь? Кто её герои?

image: https://dzen.ru/video/watch/6579d5787ba02f4d7aaa0197?utm_referrer=www.google.com

**Задание 2.** Обратите внимание на значение выражений.

* **по щучьему веленью** - само собой, чудесным образом, без усилий.

* **ни в сказке сказать, ни пером описать** - что-то настолько удивительное, необыкновенное, прекрасное или ужасное, что невозможно передать словами или описать письменно
* **добрый молодец** - храбрец, удалой парень, герой, часто идеализированный персонаж народных сказок и былин
* **тут и сказке конец, а кто слушал** — молодец- устойчивый сказочный штамп, использовался сказителями для ритмического и эмоционального завершения рассказа
* **пир на весь мир** - праздник с размахом

## Задание 3. Изучите словарик.

| | |
|---|---|
| печь (печка) | stove (oven) |
| бабы | women |
| невестка | daughter-in-law |
| сходи за водой | go get water |
| воротиться | come back |
| гостинцы | presents |
| уха | fish soup |
| пригодиться | come in handy |
| ведро | bucket |
| щука | pike |
| взмолиться | beg |
| расплескаться | splash |
| прорубь | ice hole |
| дивиться | wonder |
| изба | hut |
| нарубить дров | chop wood |
| неохота | reluctance |
| сани | sleigh |
| запрячь лошадь | harness a horse |
| помчаться | rush |
| топор | axe |
| вязать верёвкой | tie with a rope |
| сесть на воз | sit on a cart |
| давеча | recently |
| тащить | drag |
| ругать | scold |
| дубинка | club |
| колотить | beat |
| кинуться прочь | rush away |
| насилу ноги унёс | barely carried away legs |
| вельможа | nobleman |

| ласково | affectionately |
| кафтан | caftan |
| посулить | promise |
| изюм | raisins |
| чернослив | prunes |
| пряник | gingerbread |
| затрещать | crack |
| чудо | miracle |
| жалоба | complaint |
| снять голову с плеч | take off head from shoulders |
| прикатить бочку с железными обручами | roll a barrel with iron hoops |
| засмолить | tar |
| какую ни на есть | whatever it is |
| ни в сказке сказать, ни пером описать | neither tell in a fairy tale nor describe with a pen |
| посол | ambassador |
| пир на весь мир | feast for the whole world |

## Задание 4. Соедини синонимы.

| | | | |
|---|---|---|---|
| 1. | бабы | a) | подарки |
| 2. | воротиться | b) | умолять, просить |
| 3. | уха | c) | вернуться |
| 4. | гостинцы | d) | казнить, обезглавить |
| 5. | взмолиться | e) | недавно, на днях, в последнее время |
| 6. | изба | f) | деревенские женщины, крестьянки |
| 7. | помчаться | g) | едва спасся, чудом убежал |
| 8. | давеча | h) | побежать, поехать быстро, устремиться |
| 9. | насилу ноги унёс | i) | деревенский дом |
| 10. | снять голову с плеч | j) | рыбный суп |

## Задание 5. Прочитайте слова и выражения в задании 3. Представьте, что вы журналист, который пишет заметку «Сенсация в деревне!».

Ваша задача — составить короткий рассказ (8–10 предложений), используя не менее 15 слов/выражений из списка. История должна быть о том, что в деревне произошло странное или смешное событие. Обязательные условия:

- Один герой должен ехать в санях.
- Должна появиться печка или дубинка.
- Финал — «пир на весь мир».

**Задание 6. Послушайте и прочитайте сказку.**

Жил-был старик. У его было три сына: двое умных, третий — дурачок Емеля.

Те братья работают, а Емеля целый день лежит на печке, знать ничего не хочет.

Один раз братья уехали на базар, а бабы, невестки, давай посылать его:

— Сходи, Емеля, за водой.

А он им с печки:

— Неохота...

— Сходи, Емеля, а то братья с базара воротятся, гостинцев тебе не привезут.

— Ну, ладно.

Слез Емеля с печки, обулся, оделся, взял ведра да топор и пошёл на речку.

Прорубил лед, зачерпнул ведра и поставил их, а сам глядит в прорубь. И увидел Емеля в проруби щуку. Изловчился и ухватил щуку в руку:

— Вот уха будет сладка!

Вдруг щука говорит ему человечьим голосом:

— Емеля, отпусти меня в воду, я тебе пригожусь.

А Емеля смеётся:

— На что ты мне пригодишься?.. Нет, понесу тебя домой, велю невесткам уху сварить. Будет уха сладка.

Щука взмолилась опять:

— Емеля, Емеля, отпусти меня в воду, я тебе сделаю все, что ни пожелаешь.

— Ладно, только покажи сначала, что не обманываешь меня, тогда отпущу.

Щука его спрашивает:

— Емеля, Емеля, скажи — чего ты сейчас хочешь?

— Хочу, чтобы ведра сами пошли домой, и вода бы не расплескалась...

Щука ему говорит:

— Запомни мои слова: когда что тебе захочется — скажи только: «По щучьему веленью, по моему хотенью». Емеля и говорит: — По щучьему веленью, по моему хотенью — Ступайте, ведра, сами домой...

Только сказал — ведра сами и пошли в гору. Емеля пустил щуку в прорубь, а сам пошел за ведрами.

Идут ведра по деревне, народ дивится, а Емеля идет сзади, посмеивается... Зашли ведра в избу и сами стали на лавку, а Емеля полез на печь. Прошло много ли, мало ли времени — невестки говорят ему:

— Емеля, что ты лежишь? Пошел бы дров нарубил.

— Неохота...

— Не нарубишь дров, братья с базара воротятся, гостинцев тебе не привезут.

Емеле неохота слезать с печи. Вспомнил он про щуку и потихоньку говорит:

— По щучьему веленью, по моему хотенью — поди, топор, наколи дров, а дрова — сами в избу ступайте и в печь кладитесь...

Топор выскочил из-под лавки — и на двор, и давай дрова колоть, а дрова сами в избу идут и в печь лезут. Много ли, мало ли времени прошло — невестки опять говорят:

— Емеля, дров у нас больше нет. Съезди в лес, наруби.

А он им с печки:

— Да вы-то на что?

— Как — мы на что?.. Разве наше дело в лес за дровами ездить?

— Мне неохота...

— Ну, не будет тебе подарков.

Делать нечего. Слез Емеля с печи, обулся, оделся. Взял веревку и топор, вышел во двор и сел в сани:

— Бабы, отворяйте ворота!

Невестки ему говорят:

— Что ж ты, дурень, сел в сани, а лошадь не запряг?

— Не надо мне лошади.

Невестки отворили ворота, а Емеля говорит потихоньку:

— По щучьему веленью, по моему хотенью, ступайте, сани в лес...

Сани сами и поехали в ворота, да так быстро — на лошади не догнать.

А в лес-то пришлось ехать через город, и тут он много народу помял, подавил. Народ кричит: «Держи его! Лови его!» А он, знай, сани погоняет. Приехал в лес: — По щучьему веленью, по моему хотенью — топор, наруби дровишек посуше, а вы, дровишки, сами валитесь в сани, сами вяжитесь...

Топор начал рубить, колоть сухие дрова, а дровишки сами в сани валятся и веревкой вяжутся. Потом Емеля велел топору вырубить себе дубинку — такую, чтобы насилу поднять. Сел на воз: — По щучьему веленью, по моему хотенью — поезжайте, сани, домой...

Сани помчались домой. Опять проезжает Емеля по тому городу, где давеча помял, подавил много народу, а там его уж дожидаются. Ухватили Емелю и тащат с возу, ругают и бьют. Видит он, что плохо дело, и потихоньку:

— По щучьему веленью, По моему хотенью — ну-ка, дубинка, обломай им бока...

Дубинка выскочила — и давай колотить. Народ кинулся прочь, а Емеля приехал домой и залез на печь.

Долго ли, коротко ли — услышал царь об Емелиных проделках и посылает за ним офицера — его найти и привезти во дворец.

Приезжает офицер в ту деревню, входит в ту избу, где Емеля живет, и спрашивает:

— Ты — дурак Емеля?

А он с печки:

— А тебе на что?

— Одевайся скорее, я повезу тебя к царю.

— А мне неохота...

Рассердился офицер и ударил его по щеке. А Емеля говорит потихоньку: — По щучьему веленью, по моему хотенью — дубинка, обломай ему бока... Дубинка выскочила — и давай колотить офицера, насилу он ноги унес. Царь удивился, что его офицер не мог справиться с Емелей, и посылает своего самого набольшего вельможу:

— Привези ко мне во дворец дурака Емелю, а то голову с плеч сниму.

Накупил набольший вельможа изюму, чернослову, пряников, приехал в ту деревню, вошел в ту избу и стал спрашивать у невесток, что любит Емеля.

— Наш Емеля любит, когда его ласково попросят да красный кафтан посулят, — тогда он все сделает, что ни попросишь.

Набольший вельможа дал Емеле изюму, черносливу, пряников и говорит:

— Емеля, Емеля, что ты лежишь на печи? Поедем к царю.

— Мне и тут тепло…

— Емеля, Емеля, у царя тебя будут хорошо кормить-поить, — пожалуйста, поедем.

— А мне неохота…

— Емеля, Емеля, царь тебе красный кафтан подарит, шапку и сапоги.

Емеля подумал-подумал:

— Ну, ладно, ступай ты вперед, а я за тобой вслед буду.

Уехал вельможа, а Емеля полежал еще и говорит:

— По щучьему веленью, по моему хотенью — ну-ка, печь, поезжай к царю…

Тут в избе углы затрещали, крыша зашаталась, стена вылетела, и печь сама пошла по улице, по дороге, прямо к царю.

Царь глядит в окно, дивится:

— Это что за чудо?

Набольший вельможа ему отвечает:

— А это Емеля на печи к тебе едет.

Вышел царь на крыльцо:

— Что-то, Емеля, на тебя много жалоб! Ты много народу подавил.

— А зачем они под сани лезли?

В это время в окно на него глядела царская дочь — Марья-царевна. Емеля увидал ее в окошке и говорит потихоньку:

— По щучьему веленью. по моему хотенью — пускай царская дочь меня полюбит… И сказал еще: — Ступай, печь, домой…

Печь повернулась и пошла домой, зашла в избу и стала на прежнее место. Емеля опять лежит-полеживает.

А у царя во дворце крик да слезы. Марья-царевна по Емеле скучает, не может жить без него, просит отца, чтобы выдал он ее за Емелю замуж. Тут царь забедовал, затужил и говорит опять набольшему вельможе:

— Ступай, приведи ко мне Емелю живого или мертвого, а то голову с плеч сниму.

Накупил набольший вельможа вин сладких да разных закусок, поехал в ту деревню, вошел в ту избу и начал Емелю потчевать.

Емеля напился, наелся, захмелел и лег спать. А вельможа положил его в повозку и повез к царю.

Царь тотчас велел прикатить большую бочку с железными обручами. В нее посадили Емелю и Марью-царевну, засмолили и бочку и в море бросили. Долго ли, коротко ли — проснулся Емеля, видит — темно, тесно:

— Где же это я?

А ему отвечают:

— Скучно и тошно, Емелюшка! Нас в бочку засмолили, бросили в синее море.

— А ты кто?

— Я — Марья-царевна. Емеля говорит:

— По щучьему веленью, по моему хотенью — ветры буйные, выкатите бочку на сухой берег, на желтый песок...

Ветры буйные подули. Море взволновалось, бочку выкинуло на сухой берег, на желтый песок. Емеля и Марья-царевна вышли из нее.

— Емелюшка, где же мы будем жить? Построй какую ни на есть избушку.

— А мне неохота...

Тут она стала его еще пуще просить, он и говорит:

— По щучьему веленью, по моему хотенью — выстройся, каменный дворец с золотой крышей... Только он сказал — появился каменный дворец с золотой крышей. Кругом — зеленый сад: цветы цветут и птицы поют. Марья-царевна с Емелей вошли во дворец, сели у окошечка.

— Емелюшка, а нельзя тебе красавчиком стать?

Тут Емеля недолго думал:

— По щучьему веленью, по моему хотенью — стать мне добрым молодцем, писаным красавцем... И стал Емеля таким, что ни в сказке сказать, ни пером описать.

А в ту пору царь ехал на охоту и видит — стоит дворец, где раньше ничего не было.

— Это что за невежа без моего дозволения на моей земле дворец поставил?

И послал узнать-спросить: «Кто такие?» Послы побежали, стали под окошком, спрашивают. Емеля им отвечает:

— Просите царя ко мне в гости, я сам ему скажу.

Царь приехал к нему в гости. Емеля его встречает, ведет во дворец, сажает за стол. Начинают они пировать. Царь ест, пьет и не надивится:

— Кто же ты такой, добрый молодец?

— А помнишь дурачка Емелю — как приезжал к тебе на печи, а ты велел его со своей дочерью в бочку засмолить, в море бросить? Я — тот самый Емеля. Захочу — все твое царство пожгу и разорю. Царь сильно испугался, стал прощенья просить:

— Женись на моей дочери, Емелюшка, бери мое царство, только не губи меня!

Тут устроили пир на весь мир. Емеля женился на Марье-царевне и стал править царством. Тут и сказке конец, а кто слушал — молодец.

### Задание 7. Найдите в тексте и объясните смысл следующих выражений:

- по щучьему веленью, по моему хотенью
- ни в сказке сказать, ни пером описать
- добрый молодец
- пир на весь мир

### Задание 8. Посмотрите мультфильм Союзмультфильма «В некотором царстве». Чем он отличается от прослушанной сказки?

### Задание 9. Культурный и исторический контекст.

1) Объясните, какие черты сказочного героя отражает образ Емели.

2) Сравните его с другими фольклорными персонажами-«дурачками» в русской и мировой традиции. Почему такие персонажи часто оказываются победителями?

3) Как в сказке выражено отношение народа к власти (царь, вельможи) и к «простому человеку»?

4) Найдите и выпишите эпизоды, где герой нарушает общепринятые нормы поведения, и объясните, почему он всё равно получает вознаграждение.

### Задание 10. Творческие задания.

| Творческое задание А | Перескажите сказку от лица щуки. Сохраните ключевые события. |
|---|---|
| Творческое задание Б | Придумайте продолжение сказки — что будет через 10 лет после свадьбы Емели и Марьи-царевны? |
| Творческое задание С | Составьте современную версию истории («Емеля в XXI веке»), используя современные реалии и аналоги волшебных предметов. |

### Задание 11. Дискуссия.

1) Емеля получает всё без труда. Можно ли его считать положительным героем?

2) Что в этой сказке можно воспринимать как критику общества?

3) Волшебная помощь: это подарок судьбы или испытание характера?

Выражения, которые нужно запомнить.

| | |
|---|---|
| * | по щучьему веленью |
| * | ни в сказке сказать, ни пером описать |
| * | добрый молодец |
| * | тут и сказке конец, а кто слушал |
| * | пир на весь мир |

# Глава 2.
# Спокойствие, только спокойствие... Дело-то житейское.

**Задание 1.** Посмотрите на иллюстрацию. Знакомы ли Вам эти персонажи?

**Задание 2.** Изучите словарик.

| | |
|---|---|
| обойтись | get by |
| драка | fight |
| спор | argument |
| приземлиться | land |
| ослабевать | weaken |
| крыша | roof |
| запросто | easily |
| в полном расцвете сил | in the prime of life |
| варенье | jam |

| | |
|---|---|
| соскучиться | be bored |
| шалить/баловаться | be naughty |
| вдребезги | to smash |
| дело-то житейское | it's just a matter of life |
| рассердиться | get angry |
| поступки | actions |
| свалить вину на кого-то | blame someone |
| донашивать старые пижамы | wear out old pajamas |
| избавить | get rid of |
| спокойствие | peace |
| строго-настрого | strictly |
| гадкий | nasty |
| кулёк конфет | bag of candy |
| жулики | crooks |
| замышлять зловещее преступление | plot a sinister crime |
| привидение | ghost |
| орать | yell |
| карабкаться | climb |
| сокровище | treasure |
| угощать | treat |
| свечка | candle |
| пирог | pie |

### Задание 3. Соедини синонимы.

| | | | |
|---|---|---|---|
| 1. | ослабевать | a) | бодрый, крепкий, здоровый, полон энергии |
| 2. | запросто | b) | на куски, полностью, в пух и прах |
| 3. | в полном расцвете сил | c) | обычное дело, ничего особенного, привычная вещь |
| 4. | варенье | d) | мерзкий, отвратительный |
| 5. | вдребезги | e) | терять силы |
| 6. | дело-то житейское | f) | мошенники |
| 7. | свалить вину на кого-то | g) | повидло, джем |
| 8. | гадкий | h) | обвинить другого, переложить ответственность |
| 9. | жулики | i) | призрак |
| 10. | привидение | j) | легко, без труда |

**Задание 4. Посмотрите мультфильм. Что означают эти фразы? В каких ситуациях мы можем их использовать?**

| Я мужчина хоть куда - в полном расцвете сил. | |
|---|---|
| Пустяки, дело-то житейское. | |
| Спокойствие, только спокойствие! | |
| Я самый больной в мире человек | |
| О, брат! Это жулики. | |
| Не в пирогах счастье. | |

— Бобик! Бобик! Я что говорю- ко мне.

\*\*\*

— Ну скажи ты мне пожалуйста. А нельзя ли вообще обойтись без драки?

— ...

— Любой спор можно решить словами.

— Да вот. Вам-то хорошо. Вот у тебя, папа, есть мама. А у тебя, мама, есть папочка. А у меня никого нет. Никого! Даже собаки.

\*\*\*

— Простите, у вас можно тут приземлиться?

— Че... чего?

— Ну что-что, посадку давай! Ты что, не видишь- ослабеваю...

— Садитесь, пожалуйста.

— Так. Продолжаем разговор. Как тебя зовут?

— Меня?

— Ну не меня же. Тебя.

— Малыш.

— О, Малыш... Нет, надо вот так. Вот как меня зовут: Карлсон, который живет на крыше. Хорошо?

— Да.

— Но ты можешь звать меня запросто. Так, просто- КАрлсон.

— Ну, привет, Малыш!

— Привет, Карлсон!

— Ну вот...

— Продолжаем разговор. Сколько тебе лет?

— Семь.

— Что, семь?!!!

— А что?

— А я думал, восемь.

— Ну что ты смотришь на меня? Ну почему ты меня не спросишь - сколько мне лет?

— Ой, прости, пожалуйста, сколько тебе лет?

— Хе... Я мужчина хоть куда - в полном расцвете сил.

— Да-а? А в каком возрасте бывает этот расцвет сил?

— Ну знаешь... не будем об этом говорить...

— А можно мне нажать?

— Валяй, жми!..

— Стоп! У тебя варенье есть?

— Есть.

— Тащи!

— Опять жать?

— Жми!

— Ой ты...

— Малыш! Со мной не соскучишься!

— Ха... Что ж ты делаешь-то?

— Да это я шалю. Ну то есть балуюсь. :)

— А, она же упадет?!

— Она все-таки упала, честное слово. Ты видел? Раз - и вдребезги.

— Вдребезги! Вот интересно только, что скажет мама?

— Ну мама-мама, это дело-то житейское. Да, потом я завтра дам тебе десять тысяч люстр. Давай пошалим сейчас, а?

— Представляю, как рассердится папа...

— Папа? А что папа?

— ...

— Да? Я полетел.

— Спокойствие, только спокойствие!

— А что здесь случилось?

— Да пустяки, дело-то житейское.

\*\*\*

— Да! И принесет десять тысяч люстр!

— Ну нет, братец, за свои поступки надо отвечать.

— И не сваливать свою вину на какого-то, понимаешь, Карлсона.

— Во! Правильно, папа! Ну, пойдем в кино, а то ж мы опоздаем.

— Мам, слушай-ка!

— А?

— Вот мой братец-то вырастет- ну женится, ну умрет. А мне что потом, надо будет жениться на его старой жене?

— Почему? Ну все-таки? А?

— Ну я же донашиваю его старые эти... пижамы, коньки, велосипед, все остальное я донашиваю...

— Обещаю тебе, что от его старой жены я тебя избавлю.

— Это хорошо. Но вообще-то мне гораздо больше хотелось бы иметь собаку, чем жену.

\*\*\*

— Спокойствие, только спокойствие!

— Карлсон... Карлсон!

— Привет, Малыш!

— Как это здорово, что ты прилетел.

— Еще бы не здорово.


— Но, Карлсон, мама мне строго-настрого запретила вот... не трогать варенье.

— Но... какой-же ты все-таки гадкий. Когда самый больной в мире человек возьмет 2-3 ложки варенья...

— О, ты заболел?

— Да у меня самая высокая температура в мире!

— А-а-а...

— Да. Если хочешь знать.


— Знаешь что? Ты мне должен стать родной матерью.

— Слушай, а ты, по-моему, не болен.

— Нет, болен!

— Не-а.

— Да я тебе говорю болен!

— Нет, не болен!

— Какой ты противный. Что ж я, заболеть что ль не могу, как все люди?

— А ты хочешь заболеть?

— А ты вот не хочешь...

— Нет.

— Да все этого хотят! Лежишь себе...


— Слушай, летим ко мне! Я лягу в постель, а ты меня спросишь, как я себя чувствую. А я скажу: "Я самый больной в мире человек, и мне больше ничего не надо. Кроме, может быть... ну, какой-нибудь торт огромный, горы шоколада, и может быть какой-нибудь преболь-шой-большой кулек конфет, все".

— Э-эх!

— Что, что?

— Что-что? Ничего. Летим...

— Слушай, ты же забыл варенье!

— Да нет, я взял, взял!

— Взял...

— Слушай, а конфеты ты же оставил?

— Да нет же, вот!

— На шею не дави! НА ШЕЮ- НЕ ДАВИ.

\*\*\*

— Добро пожаловать, дорогой друг Карлсон! Ну и ты заходи.

\*\*\*

— Бульк-бульк... Ой, ты мне всю шею отсидел.

— Да, я забыл! Я же самый тяжелобольной в мире человек, самый... Что ты стоишь? Что ты стоишь? Ты же собирался быть мне родной матерью. Ну?

— А у тебя есть какие-нибудь лекарства?

— Ну какие, какие лекарства, ты же все с собой взял. Ну начинай.

— А разве это помогает?

— Ой... Ну начинай, сейчас увидишь... Ой, я самый тяжелобольной, о-о-о, больной человек...

— Ну как?

— Там еще осталось немножечко варенья?

— Нет, варенья нет.

— Что, нет совсем варенья?

— Не-а...

— Ни капельки?

— Нет...

— Жаль...

— Свершилось чудо! Друг спас жизнь друга! Наш дорогой Карлсон теперь с нормальной температурой, и ему полагается пошалить.

— Слушай, Малыш, пойдем, погуляем по крышам?

— А зачем?

— Ну как зачем? Искать приключений.

— Спокойствие! Только спокойствие...

— А с погодой сегодня повезло, да? Вот... Тихо! Тсс...

— Смотри левее, так. Видишь, вон двое идут. Знаешь, кто такие? О, брат! Это жулики. Они замышляют зловещее преступление на крыше. У-э-э-э! Тебе страшно? Мне нет.

— Ну, так и есть. Что же делать?

— О! Начинаем воспитательную работу! Сейчас ты увидишь лучшее в мире привидение с мотором. Дикое... о-о-о!.. но симпатишное.

\*\*\*

— О-о-о-о-о!!! А-ха-ха-ха-ха!!!

— А!!!

— Что вы орете, что вы орете? Кругом люди спят.

— Мама!

— Ай-яй-яй!

— Спокойствие, только спокойствие! Сейчас я вас настигну- вот тогда и похохочем...

— Белье бросай! Бросай белье, я тебе говорю!

— А!!!

Слушай, Малыш! Знаешь, какое самое лучшее в мире средство от жуликов? Это, конечно, привидение.

Эй, Малыш! Смотри, за тобой пожарники приехали. Вон карабкаются.

— Слушай, что-то мне вдруг так домой захотелось. Вообще, задержался я тут с тобой. Мне спать давно пора... Будь здоров, Малыш! Я пошел.

\*\*\*

— Малыш-Малыш, как же ты нас напугал...

— Ну чего вы беспокоились?

— Ну а как же иначе? Ну ты подумай сам. Ну что было бы, если бы ты упал с крыши? Хорошо?

— Не-а...

— Ну что было бы, если б мы тебя- потеряли?

— Вы бы тогда огорчились?

— Огорчились... Ты же прекрасно понимаешь, что ни за какие сокровища в мире мы не согласились бы расстаться с тобой.

— Даже за сто тыщ милльонов?

— Даже за сто тыщ милльонов.

— Значит, я так дорого стою...

— Ну конечно, дурачок ты.

— Папа! Папа... Пап, ты не пугайся. Я вот чего. Если я действительно стою сто тысяч миллионов- то ну нельзя ли мне получить хоть немного наличными, чтобы я мог купить маленького щенка?

— По поводу щенка надо сказать...

— Чего?..

— Похоже, что всю жизнь проживешь вот... без собаки.

\*\*\*

— Подумать только, восемь лет назад ты появился на свет вот таким крошкой.

— Папа, а собаки не...

— О, боже мой! Спокойствие, только спокойствие...

— Ну я так не играю. Я к тебе прилетел на день варенья... на день, на день рожденья... Ты что, не рад, что ли?

— Привет, Карлсон.

— Привет, Малыш! Чем будешь угощать!

— Пирогом!

— С чем?

— С восемью свечками.

— Ну нет, это я не ем. Что такое- один пирог, и восемь свечей. Лучше так- восемь пирогов, и одна свечка, а?

— Поверь мне, Карлсон, не в пирогах счастье.

— Ты что, с ума сошел? А в чем же еще?


— Собаку мне не подарят.

— Кого? Собаку? А как же я? Малыш, ведь я же лучше, лучше собаки, а?

\*\*\*

— Извини, Карлсон. Я на минутку...

— Это что же? Собака... Собака! Собака...

— Карлсон! Карлсон! Мне подарили собаку! Карлсон? Карлсон! Ты где?

### Задание 5. Культурный и исторический контекст.

1) Сравните Карлсона с другими известными литературными и сказочными проказниками (например, Буратино, Питер Пэн, Чебурашка). В чем их сходства и различия?

2) Как в мультфильме показаны отношения между взрослыми и детьми? Есть ли в истории скрытая критика «серьезного взрослого мира»?

3) Найдите в мультфильме эпизоды, где Карлсон нарушает общепринятые нормы поведения, и объясните, почему зритель все же относится к нему с симпатией.

### Задание 6. Творческие задания.

| Творческое задание А | Перескажите историю от лица собаки Бобика. Сохраните ключевые события, но добавьте комментарии «от собачьего лица». |
|---|---|
| Творческое задание Б | Придумайте продолжение истории — что произойдет через 5 лет, когда Малыш подрастет. Останутся ли они друзьями с Карлсоном? |
| Творческое задание С | Составьте современную версию сюжета («Карлсон в XXI веке»), используя современные технологии. Чем он заменит мотор? Как будет шалить? |

**Задание 7. Дискуссия.**

1) Карлсон часто получает внимание и заботу, не прилагая усилий. Можно ли считать его положительным героем?

2) В чем, на ваш взгляд, мораль мультфильма?

3) Волшебная (или сказочная) дружба — это подарок судьбы или испытание характера?

4) Что важнее для Малыша — настоящая собака или Карлсон? Обоснуйте свою точку зрения.

Выражения, которые нужно запомнить.

| | |
|---|---|
| * | в полном расцвете сил |
| * | пустяки, дело-то житейское |
| * | Спокойствие, только спокойствие! |
| * | Я самый больной в мире человек! |
| * | О, брат! Это жулики. |
| * | Не в пирогах счастье. |

# Глава 3.

# Белая берёза под моим окном

Задание 1. Прочитайте и прослушайте стихотворение Сергея Есенина «Белая берёза».

• Составьте «карту ассоциаций» к слову «берёза» в контексте стихотворения. Что она символизирует? (Природу, Россию, чистоту и т.д.)

• Найдите упоминания цветов и обсудите, какое настроение они создают.

• Опишите звуки, которые могли бы сопровождать эту картину. Как контраст звуков и тишины влияет на образ?

• Найдите в тексте подсказки о времени суток. Как это время суток связано с настроением стихотворения?

• Выпишите из стихотворения слова, связанные с зимой, и слова, связанные с теплом/светом. Обсудите, как их сочетание создаёт контраст.

Белая берёза
Под моим окном
Принакрылась снегом,
Точно серебром.

На пушистых ветках
Снежною каймой
Распустились кисти

Белой бахромой.

И стоит берёза
В сонной тишине,
И горят снежинки
В золотом огне.

А заря, лениво
Обходя кругом,
Обсыпает ветки
Новым серебром.

| берёза | birch |
| принакрыться | cover yourself |
| серебро | silver |
| пушистые ветки | fluffy branches |
| кайма | border |
| распуститься | bloom |
| кисти | tassels |
| бахрома | fringe |
| заря | dawn |
| лениво | lazily |
| обсыпать | sprinkle |

**Задание 2. Прочитайте и прослушайте 2 статьи о Сергее Есенине.**

### Сергей Есенин – одна из самых ярких и трагических фигур в русской поэзии

Жизнь Сергея Есенина, полная противоречий и ярких событий, отразилась в его стихах, сделав их такими проникновенными и запоминающимися.

Детство Есенина прошло в селе Константиново Рязанской губернии. Он рос в бедной крестьянской семье. Воспитанием мальчика в основном занимались его бабушка и дедушка по материнской линии. Бабушка знала множество народных песен, сказок и частушек, что оказало огромное влияние на формирование его поэтического таланта. Дедушка был знатоком церковных книг, и Есенин рано приобщился к духовной литературе. Это двойственное влияние – народной и религиозной культуры – прослеживается в его творчестве.

| противоречие | contradiction |
| проникновенный | heartfelt |
| губерния | province |
| частушка | ditty |
| приобщиться | join |
| двойственное влияние | dual influence |
| прослеживаться | be traced |
| слиться воедино | merge together |
| простонародная лексика | common vocabulary |

Детство Сергея Есенина в селе Константиново – это не просто период биографии, а фундамент, на котором строилось все его творчество. Именно здесь, среди рязанских полей и лесов, зародилась та неповторимая есенинская лирика, пронизанная любовью к родной земле и русскому народу.

Рязанские пейзажи, сельская жизнь, красота природы — все это нашло отражение в стихах Есенина. Природа для него — не просто фон, а живое существо, с которым он чувствует глубокую связь. Любовь к природе и крестьянский быт слились воедино в его творчестве.

| неотъемлемая часть | integral part |
| мировоззрение | worldview |
| целостно | holistically |
| неразрывно | inseparably |
| пронизанный | permeated |
| пройти красной нитью | run through |

Сказки, песни, частушки, услышанные в детстве, стали основой его поэтического языка. Отсюда простонародная лексика, образность, ритмика его стихов.

Сергей Есенин был глубоко патриотичным человеком. Патриотизм, любовь к родине — неотъемлемая часть есенинского мировоззрения, зародившаяся еще в детстве. Он воспринимал Россию целостно, неразрывно связывая ее с образами родной природы, крестьянского быта, народных традиций и православной веры. Эта любовь, пронизанная и восхищением, и болью, и тревогой за ее судьбу, пройдет красной нитью через все его творчество.

https://dzen.ru/a/aDB1Hs6NqhhTal-A?sid=606732548199642316

### От простого деревенского парня до главного поэта России: краткая история жизни Сергея Есенина

Сергей Есенин часто утверждал, что является величайшим поэтом нашей страны. Однако он не переставал искать своё истинное «Я». Кем он был на самом деле? Деревенским парнем, озорным гулякой или хитрецом?

Приехав в большой Санкт-Петербург из деревни, молодой человек был одет в скромную крестьянскую рубаху и вёз с собой небольшой чемодан. Первым делом он решил найти дом своего кумира — великого *Александра Блока*, стремясь хотя бы увидеть его вживую...

Эта история — лишь одна из множества легенд, которые Есенин выдумал о себе. В начале XX века мир русской литературы был полон талантов, и чтобы выделиться, многим приходилось прибегать к хитростям и созданию мифов о себе. Есенин не был исключением, он усердно работал над своим имиджем неординарного поэта-крестьянина.

На деле Есенин действительно был родом из деревни, но жил он далеко не в нищете. Его семья была обеспеченной, а сам он носил довольно приличную одежду и получил хорошее образование. Прежде чем переехать в Санкт-Петербург, он жил в Москве, учился в государственной школе, работал в типографии и успел опубликовать свои стихи. Одно из его стихотворений, известное каждому ребенку в России, начинается словами:

*Белая берёза*
*Под моим окном*
*Принакрылась снегом,*
*Точно серебром.*

Возможно, Есенин был родоначальником той страстной любви к березам, открытым просторам, красной рябине и золотым рощам, которая так нам близка. Он описывал свою родину как «страну березового ситца», и его творчество пронизано мотивами родных просторов с нотками ностальгии. Хоть Есенин и жил в крупных городах, он всегда тосковал по деревне. В отличие от аристократических поэтов XIX века, которые восхищались природой без такой острой тоски, Есенин переживал её глубже.

Поэт действительно встретился с Блоком, предварительно послав ему вежливое письмо. Блок в своем дневнике отметил: «Крестьянин Рязанской губ. 19 лет. Стихи свежие, чистые, голосистые, многословные. Язык. Приходил ко мне 9 марта 1915».

В 1918–1919 годах Есенин подружился с эксцентричными поэтами-имажинистами, превратившись из «простого деревенского парня» в «хулигана» и «московского озорного гуляку», сменив свой наряд на фрак, цилиндр и трость. В своих стихах он воспевал «Москву кабацкую» и культивировал славу «скандалиста».

Правда в том, что жизнь Есенина соответствовала его поэтическому образу: он много пил и проводил время в кабаках, устраивая скандалы и драки, чем обрёл дурную славу. Но в его душе всегда жила печаль – несчастный весельчак скучал по дому и осуждал себя за такой образ жизни. Несмотря на кажущуюся потерю самого себя, он всё же надеялся, что любовь способна его спасти.

Молодой талантливый поэт посвятил свою жизнь поискам истинного спасения, что нашло отражение в его бурной личной истории. Его жизненный путь ознаменован серией неудачных союзов, брошенными детьми и многочисленными поклонницами, испытавшими горечь потери. Одной из таких женщин была прославленная танцовщица из Америки, Айседора Дункан. С ней он путешествовал по Европе и Америке, однако не смог примириться с ролью в ее тени, что привело к их разрыву. Софья, внучка знаменитого Льва Толстого, стала его последней супругой. После каждого несостоявшегося романа он возвращался к Галине Бениславской, своей секретарше, которая безнадежно была в него влюблена, хотя и не получала взаимности. После его смерти она последовала за ним, покончив с собой на его могиле.

В эпоху революционных потрясений Есенин находился в Москве, однако его замечания по поводу политических перемен в стране были редки и сдержанны. Похоже, он не мог найти себе место в бурлящем потоке событий, что подталкивало его к алкоголю и желанию спеть в компании цыган, что выражалось в его стихах. Он стремился избавиться от мучительных воспоминаний о тяжелых днях, которые зачастую становились причиной проблем с законом.

Есенин был свидетелем ужасающих событий Гражданской войны, периода голода и холода, охватившего столицу. Но больше всего его волновала судьба родной страны, раздираемой внутренними раздорами. Он выбрал сторону большевиков, считая, что как поэт народа он должен поддержать советскую власть. В 1924 году он заявлял о желании быть достойным потомком СССР, но подчёркивал, что несмотря на мировые конфликты и вражду между народами, он всегда посвятил бы свой талант воспеванию России.

| | |
|---|---|
| озорной гуляка | naughty reveler |
| скромная крестьянская рубаха | modest peasant shirt |
| нищета | poverty |
| типография | printing house |
| родоначальник | ancestor |
| простор | space |
| золотая роща | golden grove |
| страна берёзового ситца | country of birch chintz |
| тосковать | to yearn |
| фрак | tailcoat |
| цилиндр | top hat |
| трость | cane |
| кабак | tavern |
| обрести дурную славу | gain bad fame |
| осуждать | condemn |
| бурный | stormy |
| поклонница | admirer |
| разрыв | rupture |
| могила | grave |
| покончить с собой | commit suicide |
| потрясения | upheavals |
| цыгане | gypsies |
| раздираемый | torn apart |
| раздор | discord |
| воспевание | singing |

В одном из своих стихов 1923 года Есенин просил, чтобы его положили умирать в русской рубашке под иконами. Но обстоятельства его смерти оказались иными, и до сих пор нет единой версии о причинах смерти выдающегося поэта.

Официально говорится о самоубийстве. 28 декабря 1925 года Есенин был найден повешенным в ленинградской гостинице «Англетер». Перед смертью он оставил прощальное стихотворение, написанное кровью, в котором отмечалось, что смерть не приносит ничего нового в жизни.

Однако в 70-х годах появилась версия о том, что Есенин был убит сотрудниками госбезопасности, которые затем попытались представить случившееся как самоубийство. Поддержку этой теории находили в гематоме на лице поэта, видимой на посмертных снимках, и предполагали, что он мог вступить в схватку с нападавшими.

https://dzen.ru/a/Zc0YSOtsU0zES-tW?ysclid=meakb884az87804778

### Задание 3. Обсудите.

1) Как сочетание народной и религиозной культуры, впитанное Есениным в детстве, повлияло на тематику, лексику и образы его поэзии?

2) В чем проявляется противоречие между образом «поэта-крестьянина» и образом «московского гуляки»?

3) Как Есенин совмещал глубокую любовь к России с ощущением утраты, тревоги и разочарования, которые также присутствуют в его произведениях?

4) Как различные версии гибели поэта влияют на восприятие его личности и наследия? Почему мифологизация его смерти продолжает вызывать интерес спустя десятилетия?

**Задание 4. Прочитайте и послушайте 2 стихотворения Сергея Есенина. Выберите одно и проанализируйте образы и настроение.**

| Отговорила роща золотая<br>Берёзовым, весёлым языком,<br>И журавли, печально пролетая,<br>Уж не жалеют больше ни о ком.<br><br>Кого жалеть? Ведь каждый в мире странник —<br>Пройдёт, зайдёт и вновь оставит дом.<br>О всех ушедших грезит конопляник<br>С широким месяцем над голубым прудом.<br><br>Стою один среди равнины голой,<br>А журавлей относит ветер в даль,<br>Я полон дум о юности весёлой,<br>Но ничего в прошедшем мне не жаль.<br><br>Не жаль мне лет, растраченных напрасно,<br>Не жаль души сиреневую цветь.<br>В саду горит костёр рябины красной,<br>Но никого не может он согреть.<br><br>Не обгорят рябиновые кисти,<br>От желтизны не опадёт трава,<br>Как дерево роняет тихо листья,<br>Так я роняю грустные слова. | Не жалею, не зову, не плачу,<br>Все пройдет, как с белых яблонь дым.<br><br>Увяданья золотом охваченный,<br>Я не буду больше молодым.<br><br>Ты теперь не так уж будешь биться,<br>Сердце, тронутое холодком,<br>И страна березового ситца<br>Не заманит шляться босиком.<br><br>Дух бродяжий! ты все реже, реже<br>Расшевеливаешь пламень уст<br>О моя утраченная свежесть,<br>Буйство глаз и половодье чувств.<br><br>Я теперь скупее стал в желаньях,<br>Жизнь моя? иль ты приснилась мне?<br>Словно я весенней гулкой ранью<br>Проскакал на розовом коне.<br><br>Все мы, все мы в этом мире тленны,<br>Тихо льется с кленов листьев медь...<br>Будь же ты вовек благословенно,<br>Что пришло процвесть и умереть. |

| И если время, ветром разметая,<br>Сгребёт их все в один ненужный ком…<br>Скажите так… что роща золотая<br>Отговорила милым языком. | |

**Задание 5. Послушайте 2 версии песни «Я московский озорной гуляка» на слова Сергея Есенина. Какая версия Вам кажется более близкой к тому настроению, которое присутствует в стихотворении Есенина?**

Я обманывать себя не стану,

Залегла забота в сердце мглистом.

Отчего прослыл я шарлатаном?

Отчего прослыл я скандалистом?

Не злодей я и не грабил лесом,

Не расстреливал несчастных по темницам.

Я всего лишь уличный повеса,

Улыбающийся встречным лицам.

Я московский озорной гуляка.

По всему тверскому околотку

В переулках каждая собака

Знает мою лёгкую походку.

Каждая задрипанная лошадь

Головой кивает мне навстречу.

Для зверей приятель я хороший,

Каждый стих мой душу зверя лечит.

Я хожу в цилиндре не для женщин —

В глупой страсти сердце жить не в силе, —

В нем удобней, грусть свою уменьшив,

Золото овса давать кобыле.

Средь людей я дружбы не имею,

Я иному покорился царству.

Каждому здесь кобелю на шею

Я готов отдать мой лучший галстук.

И теперь уж я болеть не стану.

Прояснилась омуть в сердце мглистом.

Оттого прослыл я шарлатаном,

Оттого прослыл я скандалистом.

[1922]

**Задание 6. Выучите одно из стихотворений из этой главы наизусть.**

Выражения, которые нужно запомнить.

| | |
|---|---|
| * | Белая берёза под моим окном… |
| * | Отговорила роща золотая… |
| * | Страна берёзового ситца |
| * | Не жалею, не зову, не плачу… |
| * | Все мы в этом мире тленны |
| * | В переулках каждая собака знает мою лёгкую походку |

# Глава 4.
# Будьте добры, помедленнее! Я записываю...

Задание 1. В этой главе мы познакомимся с фильмом «Кавказская пленница». Прочитайте короткую заметку о фильме.

| режиссер | film director |
|---|---|
| газетная заметка | newspaper article |
| сценарий фильма | film script |
| по древнему кавказскому обычаю | according to ancient Caucasian custom |
| юноша | young man |
| украсть | steal |
| невеста | bride |
| противостоять | resist |
| банда | gang |
| могущественный | powerful |
| едва не зарубил | almost hacked to death |
| устранить замечания | eliminate comments |
| ультимативно | ultimately |
| кадр | shot |
| в восторге | delighted |
| дать зелёный свет | give green light |
| реквизит | props |

В основе сценария фильма лежит реальный случай, о котором режиссер узнал из газетной заметки. В ней шла речь о том, что по древнему кавказскому обычаю влюблённый юноша украл свою невесту у родителей.

Фильм рассказывает о приключениях студента Шурика на Кавказе. Приехавший собирать местный фольклор — сказки, песни и тосты — студент оказывается участником старинного обычая похищения невесты. Вот только девушку Нину похищают по-настоящему, и

Шурику для ее спасения предстоит противостоять не только банде Труса, Балбеса и Бывалого, но и заказчику — могущественному товарищу Саахову.

Съемки «Кавказской пленницы» проходили летом 1966 года. Леонид Гайдай снял фильм всего за три месяца и уже в ноябре смонтировал первую версию картины.

Премьеру «Кавказской пленницы» едва не зарубил худсовет. Кинематографистам не нравилось буквально все — начиная с игры Труса, Балбеса и Бывалого и заканчивая голосом Нины, которому, по мнению критиков, был просто необходим кавказский акцент. Гайдай за две недели устранил большинство замечаний.

Следующим этапом была приемка фильма Госкино. Здесь ультимативно потребовали удалить из фильма кадр с Сааховым, вызывающий ассоциации с Иосифом Сталиным. Однако угроза попасть на полку над картиной все еще висела. По легенде, положение спас Брежнев: генсек посмотрел фильм и остался в восторге. «Кавказской пленнице» моментально дали зеленый свет: присвоили высшую прокатную категорию и назначили дату премьеры.

Хотя действие фильма по сюжету разворачивается в некоем «горном районе» СССР, съемки вели совсем не в горных республиках, а в Крыму. Большинство сцен отсняли в Алуште. Леонид Гайдай выбрал город по нескольким причинам: во-первых, здесь он нашел подходящую натуру, а во-вторых, рядом находилась Ялтинская киностудия, где была вся необходимая техника и реквизит.

Кроме Алушты, съемки «Кавказской пленницы» проходили в Долине привидений в Крыму, а также на реке Мзымта около Сочи и по дороге к озеру Рица в Абхазии.

**Задание 2. Заполните таблицу.**

| | |
|---|---|
| 1. На каком реальном событии основан сюжет фильма? | |
| 2. Кто стал главным героем фильма? | |
| 3. Какая задача стояла перед Шуриком? | |
| 4. Кто противостоял Шурику? | |
| 5. Когда проходили съёмки фильма? | |
| 6. Сколько времени понадобилось Леониду Гайдаю на съёмку? | |

| | |
|---|---|
| 7. Почему худсовет не хотел одобрять фильм? | |
| 8. Что потребовало Госкино? | |
| 9. Кто «спас» фильм и дал ему «зелёный свет»? | |
| 10. Где на самом деле проходили съёмки? | |

**Задание 3. Ознакомьтесь с лексикой к первой части фильма.**

| | |
|---|---|
| каникулы | school/university holidays |
| фольклор | folklore |
| легенда | legend |
| сказка | fairy tale |
| горный район | mountain region |
| быть несправедливым | to be unfair |
| за баранкой | behind the wheel |
| осёл | donkey |
| племянница | niece |
| педагогический институт | teacher training college |
| отличница | top student |
| спортсменка | sportswoman / athlete |
| комсомолка | Komsomol member (Soviet youth organization member) |
| цель приезда | purpose of visit |
| экспедиция | expedition |
| старинный обычай | ancient custom |
| праздник | celebration |
| тост | toast (ceremonial drinking speech) |
| часовня (развалины) | chapel (ruins) |
| несчастный случай | accident |
| кузница | forge (metaphor: place of creation) |
| житница | granary (breadbasket) |
| здравница | health resort |
| этнографическая экспедиция | ethnographic expedition |
| бракосочетание | marriage / wedding ceremony |
| Дворец бракосочетания | Palace of Marriage |
| ответственное поручение | important assignment |
| олицетворять судьбу | to embody destiny |
| стая птиц | flock of birds |
| ущелье | gorge / ravine |

| | |
|---|---|
| отрываться от коллектива | to break away from the team |
| кибернетики | cyberneticists |
| серебряные ножницы | silver scissors |
| алая шелковая лента | scarlet silk ribbon |
| светлое будущее | bright future |
| торжественное открытие | ceremonial opening |
| другая сторона медали | the other side of the coin |
| научный работник | research worker / scientist |
| человек интеллектуального труда | person of intellectual labor |
| всесоюзная кузница | all-Union forge |
| «сказку сделать былью» | to make a fairy tale come true |
| замечательный сатирик | remarkable satirist |
| представлять в письменном виде | to present in written form |
| в 3-х экземплярах | in three copies |

**Задание 4. Соедините слова и выражения с синонимами и антонимами.**

| | Синоним | Антоним |
|---|---|---|
| каникулы | предание, миф, сказание | сидение дома, бездействие |
| легенда | обратная сторона, недостаток, минус | учёба, занятия, работа |
| быть несправедливым | исследовательская поездка | быть вместе, сплотиться |
| экспедиция | отпуск, отдых, перерыв | преимущество, плюс |
| несчастный случай | свадьба, венчание, регистрация брака | развод, расставание |
| бракосочетание | поступать предвзято, действовать нечестно | удача, счастливое стечение обстоятельств |
| отрываться от коллектива | авария, катастрофа, трагедия | быть объективным, поступать честно |
| другая сторона медали | изолироваться, действовать самостоятельно, отделяться | документальный факт, реальность |

**Задание 5. Посмотрите 1 часть фильма.**

- Обратите внимание на выделенные фразы. В каких ситуациях они используются? Как их можно использовать в нашей жизни сегодня?

> • Как вы думаете, почему в советском кино часто использовали реальные исторические или культурные традиции (например, обычай похищения невесты) в комедийных сюжетах? Можно ли это считать способом критики общества или только художественным приемом?

Эту историю рассказал нам Шурик.

Он во время каникул собирал фольклор. Местные легенды, сказки...

Может быть, эта история всего лишь легенда...

Но по словам Шурика, она действительно произошла в одном из горных районов. Он не сказал, в каком именно, чтобы не быть несправедливым к другим районам, где могла произойти точно такая же история...

— Но, но! Ну куда ты, ну... Но... А, черт...


— Будь проклят тот день, когда я сел за баранку этого пылесоса!

— Ну, не отчаивайтесь!

— Недаром говорил великий и мудрый Абу-Ахмат-ибн-Бей, первый шофер этой машины: учти, Эдик... Эдик.

— Саша.

— Учти, Эдик, говорил он, один Аллах ведает, куда девается искра у этого недостойного выродка в славной семье двигателей внутреннего сгорания. Да отсохнет его карбюратор во веки веков!


— Простите, простите, пожалуйста.

— Да?

— Извините, у меня к Вам большая просьба.

— Пожалуйста.

— Можно Вас попросить идти только по шоссе, не сворачивая?

— А это почему?

— Да мой осел идет за Вами, как привязанный.

— Осел?

— Ну да.

— Значит, это он меня преследовал?

— Он, он, у...!

— А я думала...

— Нет! Он.


— Скажите, а Вы здешняя?

— Да, я приехала к тете на каникулы.

— А я в командировку. До города далеко?

— Километра два.

— Спасибо. До свидания.

— Всего хорошего.

— Ну, пошли. Но. Но! Вот видите, без Вас ни шагу.

— Ну...


— Год рождения?

— 42-й.

— Цель приезда?

— Этнографическая экспедиция.

— Понятно. Нефть ищите?

— Не совсем. Я ищу фольклор.

— А?

— Я буду у вас записывать старинные сказки, легенды, тосты.

— Тосты? Вах! Дорогой, тебе исключительно повезло. Я тебе помогу.


— Что это?

— Тебе нужен тост.

— Да.

— А тост без вина - это все равно, что брачная ночь без невесты.

— Нет, я ж не пью.

— А я пью? Что тут пить?


— Вы меня не так поняли. Я совершенно не пью. Понимаете? Не имею физической возможности.

— Вот по этому поводу - первый тост.


— Тост? Сейчас запишу...

— Потом запишешь. Бери стакан.


Мой прадед говорит: имею желание купить дом, но не имею возможности.

Имею возможность купить козу, но не имею желания.

**Так выпьем за то, чтобы наши желания совпадали с нашими возможностями.**


— Молодец.

— Так.

— Слушай другой тост.

— Так...


— Я сейчас приду.

— Ничего-ничего, я пока подышу. Подышу воздухом, а то все кабинет, кабинет, кабинет...


— Ты где пропадаешь?

— А в чем дело?

— Моя племянница.

— А, очень приятно, очень приятно.

— Нина.

— Студентка. Учится в педагогическом институте.

— А-а, будет готовить нашу смену, да?

— **Отличница, комсомолка, спортсменка**.

— Спортсменка?

— Дядя про меня все знает.

— Отличница и комсомолка - это как раз то, что нам нужно, да.

— А что вам нужно?

— У меня к вам есть, понимаете, ну, такой неожиданный вопрос.

— Пожалуйста.

— Вы как относитесь к бракосочетанию?

— О-ой, ну, вообще-то положительно.

— Не, ей об этом думать еще рано.

— Об этом думать никому не рано и никогда не поздно, между прочим, да? Иди за мной, сейчас, поехали. А как Вы относитесь к нашему сегодняшнему празднику открытия Дворца бракосочетания?

— Я обязательно приду.

— Придете, да?

— Обязательно.

— У меня будет к Вам небольшое, но ответственное поручение, а.

— Какое?

— А вот там посмотрим, да. Ждем Вас.

— Ну, хорошо.

И вот когда вся стая полетела зимовать на юг, одна маленькая, но гордая птичка сказала: "Лично я полечу прямо на солнце". Она стала подниматься все выше и выше, но очень скоро обожгла себе крылья и упала на самое дно самого глубокого ущелья.

**Так выпьем же за то, чтобы никто из нас, как бы высоко он не летал, никогда не отрывался бы от коллектива.**

— Что, случилось, дорогой?

— Что, что такое, дорогой?

— **Птичку жалко**!

— И принцесса от злости повесилась на собственной косе, потому что он совершенно точно сосчитал сколько зерен в мешке, сколько капель в море, и сколько звезд на небе. Так выпьем же за кибернетиков!

— На здоровье!

— На здоровье!

— Дорогие друзья! Сегодня у нас радостный, светлый, солнечный праздник. Через несколько секунд эти серебряные ножницы разрежут эту алую шелковую ленту, и откроют всем молодоженам нашего района прямую дорогу вперед к светлому будущему, понимаете ли, к счастью, любви и согласию, понимаете ли, посредством нашего Дворца бракосочетания.

Честь открытия Дворца, мы здесь посоветовались, и решили, что честь открытия дворца мы предоставляем прекрасной женщине, девушке, которая оцелисо... олисетворяет собой новую судьбу женщины гор, понимаете ли.

Это- студентка, комсомолка, спортсменка, наконец, она просто красавица! Вот это и есть то маленькое, но ответственное поручение. Прошу Вас. Пожалуйста.

— Как говорит наш замечательный сатирик Аркадий Райкин, **женщина- друг человека**.

— **Минуточку... Минуточку... Будьте добры помедленнее, я записываю.**

— Это кто?

— Наверное, пресса.

— А, пресса.

— Так вот, как говорит наш замечательный сатирик Аркадий Райкин, женщина - друг человека.

— Грандиозно! Выпьем за женщину...

— Отдай рог, отдай рог, я тебе говорю, оба рога. Это же мой рог!

— ...и сорвал торжественное открытие Дворца бракосочетания. Затем, на развалинах часовни...

— **Простите, часовню тоже я развалил?**

— Нет, это было до Вас, в 14-м веке.

— Затем, на развалинах часовни...

— Все это, конечно, так. Все это верно, да, верно, да. Бумага написана правильно, все, все хорошо. Так это с одной стороны, да? Но есть и другая сторона медали. Нарушитель - это не нарушитель, а крупный научный работник, человек интеллектуального труда. Приехал к нам в гости, да? Собирать наши сказки, легенды там, понимаете ли, тосты...

— Тосты?

— Тосты, да, тосты.

— И не рассчитал своих сил, да? Мы здесь имеем дело с несчастным случаем на производстве.

— Ха-ха-ха!

— У меня есть замечательный тост!

— У Вас, товарищ Шурик, неправильное представление о наших местах. Всем известно, что Кузбасс - это всесоюзная кузница, да? Кубань - житница, а Кавказ - это всесоюзная - что?

— Здравница!

— Здравница... Нет! Кавказ - это всесоюзная и кузница, и здравница, и житница.

— А!

— Дорогой! Где ты пропадал? Ночью я вспомнил замечательный тост для тебя. Извините, пожалуйста. Идем скорее.

— Нет, подожди, уважаемый. Мы поговорим с Шуриком, а ты запиши пока свой тост и в 3-х экземплярах, и представь потом в письменном виде, да?

— Будет сделано!

— А я-то мечтаю записать какой-нибудь старинный обряд, а участвовать в нем, ну это было бы совершенно великолепно.

— А, слушай, откуда. Ну посмотри вокруг, что делается, а? Нет, в нашем районе Вы уже не встретите этих дедушкиных обычаев и бабушкиных обрядов. Может, где-нибудь высоко в горах, понимаете ли, так это, но, не в нашем районе, Вы что-нибудь обнаружите для Вашей науки.

— Полезем в горы.

— Ну, правильно, да. Это Ваша работа, да? Вы сюда приехали, чтобы записывать сказки, понимаете ли, а мы здесь работаем, чтобы сказку сделать былью, понимаете ли, а?!

— Да-да?

— Я тост принес.

— Плохо, да?

— Ну...

— Что себе позволяешь, слушай?

— Вы же просили в 3-х экземплярах...

> **Задание 6. Посмотрите 2 часть фильма. Объясните следующие выражения:**
> 
> - *«Жить, как говорится, хорошо!»*
> - *«Аполитично рассуждаешь»*
> - *«Не путай свою шерсть с государственной»*

- Жить, как говорится, хорошо!

— А хорошо жить- еще лучше!

— Точно!

— Слушай, как тебе не стыдно, а? Обижаешь сиротку. У нее же кроме дяди и тети никого нет. 25!

— Это неправда, да. Это неправда. Я высоко ценю твою уважаемую племянницу, но всему есть предел, да? 18!

— Имей же совесть! Ты же, ты же все-таки не козу получаешь, а жену, и какую: студентка, комсомолка, спортсменка, красавица! И за все это я прошу 25 баранов, даже смешно торговаться.


— Аполитично рассуждаешь, аполитично рассуждаешь, клянусь, честное слово. Не понимаешь политической ситуации. Ты жизнь видишь только из окна моего персонального автомобиля, клянусь, честное слово. 25 баранов в то время, когда наш район еще не полностью рассчитался с государством по шерсти и мясу.

— **А ты не путай свою личную шерсть с государственной!**

— Я, между прочим, товарищ Джабраил, сюда и поставлен, чтобы блюсти государственные интересы. Садитесь пока. В общем так: двадцать баранов...

— Двадцать пять!

— Двадцать, двадцать. Холодильник "Розен лев"...

— Что?

— Финский, хороший. Почетная грамота...

— И бесплатная путевка...

— В Сибирь!

— Эх... Ну, хорошо.

— Ну, хорошо.


— Значит так. Жених согласен, родственники тоже, а вот невеста...

— Да, плохо мы еще воспитываем нашу молодежь. Очень плохо. Удивительно несерьезное отношение к браку.


— А кто вообще спрашивает невесту? Мешок на голову и фьють!

— Да, это верно. Очень правильное решение. Только я лично к этому не буду иметь никакого отношения.

— Да нет, не беспокойся. Это сделают совершенно посторонние люди.

— Да. И не из нашего района.

— Ну, конечно.


— Это же вам не лезгинка, а твист. Показываю все сначала. Носком правой ноги вы давите окурок, вот так. Оп-оп-оп-оп-оп! Второй окурок... Второй окурок... вы давите носком левой ноги! А теперь оба окурка вы давите вместе. Оп-оп-оп-оп-оп!


— Рыба!


— Э-ге-гей, хали-гали! Э-ге-гей, а-ха-ха.

— Цоб-цобэ! Цоб-цобэ!

— Э-ге-гей, хали-гали!

— Цоб-цобэ!

— Э-ге-гей, а-яй-яй.

— Э-ге-гей, хали-гали! Э-ей, ух...

— Продал?

— Это мое дело.

— Баранов в стойло. Холодильник в дом.


— Ты куда? А... Хе-хе. Иди домой.

— Ничего у тебя не выйдет. Украсть такую девушку.

— Спортсменку, комсомолку.

— Хм... Между прочим, в соседнем районе жених украл члена партии. А?


— Ну, Саша, Вы делаете поразительнейшие успехи.

— А, это ерунда.

— Ерунда?

— Пустяк, страховка.


— Ну что ж, даю задание более сложное.

— Так-с, какое?

— Упаковаться в спальный мешок.

— Есть.

— И как можно быстрее.


— Подождите. Время.

— Да-да-да.

— Приготовились, внимание, начали!

— Готово!

— А спать Вы стоя будете? Время.

— Да-да-да-да!

— Осторожно!


— Держитесь, Шурик. Сейчас я Вас вытяну.


— Кхе... Кху... Апчхи!


— А! Их двое...

— И этот еще, с хвостом.

— Осел не в счет. Второй лишний.

— Свидетель.

— А если... Кхх...

— Только без жертв.

— Да, надо подождать.

— Правильно, будем ждать. Сдавай.


— Ля, ля-ля-ля, ля, ля-ля... Ля, ля-ля-ля, ля, ля-ля...

— А это что такое? Тоже фольклор?

— Нет, это наша студенческая.

— А...

— Песня про медведей.

— Да?

— Но Вам она не подойдет.

— Почему не подойдет? Это студенческий фольклор. Давайте, давайте. Да-да.

— Ну, хорошо, слушайте.


Где-то на белом свете,

Там, где всегда мороз.

Трутся спиной медведи

О земную ось.

Мимо плывут столетья,

Спят подо льдом моря,

Трутся об ось медведи,

Вертится земля.

Ла, ла-ла-ла, ла, ла-ла,

Вертится быстрей земля.


Крутят они, стараясь,

Вертят земную ось,

Чтобы влюбленным раньше

Встретиться пришлось.

Чтобы однажды утром

Раньше на год иль два

Кто-то сказал кому-то

Главные слова.

Ла, ла-ла-ла, ла, ла-ла,

Ла, ла-ла-ла, ла, ла-ла.

Вслед за весенним ливнем

Раньше придет рассвет

И для двоих счастливых

Много, много лет.

Будут сверкать зарницы,

Будут ручьи звенеть,

Будет туман клубиться,

Белый, как медведь.


Где-то на белом свете,

Там, где всегда мороз.

Трутся спиной медведи

О земную ось.

Мимо плывут столетья,

Спят подо льдом моря,

Трутся об ось медведи,

Вертится земля.

Ла, ла-ла-ла, ла, ла-ла,

вертится быстрей земля.

Ла, ла-ла-ла, ла, ла-ла,

вертится быстрей земля.


— Ну, до свидания, Шурик. Вам прямо, а мне на базу. Спасибо.

— Ну, Нина, до свидания.

— До свидания.

— Но!


— Нина! Подождите, Нина.

— Что, Шурик?

— Разрешите, я Вас все-таки провожу.


**Задание 7. Послушайте и проанализируйте песню про медведей.**

- Какие образы в песне символизируют любовь и вечность?
- Почему герои называют её «фольклором»?
- Есть ли у студентов в Вашей культуре студенческие песни?

**Задание 8. Посмотрите третью часть фильма.**

— Вы не оправдали оказанного вам высокого доверия.

— Невозможно работать.

— Вы даете нереальные планы.

— Это как его? Волюнтаризм!

— **В моем доме- не выражаться**!

— А чего я сказал?


— Ах так? Вот ваш аванс, мы отказываемся. Берите! Берите! Ну, берите, берите.

— Подождите, подождите минуточку.

— Ну, все в порядке. Тот, кто нам мешает, тот нам поможет.

— А, вот это- другое дело.
— На это мы пойдем.
— Ну, собирайтесь.

— Иди сюда!
— Иди, придурок!
— А!?

— **Чей туфля?** О! Мое. Спасибо.

— Едем!

— Идите. Уже поздно.
Не заблудитесь?
Ну, идите.

— Товарищ Шурик?
— Добрый вечер.
— Здравствуйте.
— Ужинать?
— Нет. Алеша, бутылочку вина.

— **Вам исключительно повезло**.

— В чем?

— Вы хотели посмотреть древний, красивый обычай.

— Конечно, конечно, я мечтаю об этом.

— Завтра на рассвете.

— Да что Вы говорите?

— Вы можете не только посмотреть, Вы можете сами участвовать.

— Ну, за это огромное Вам спасибо. Соку не хотите?

— Нет.

— А как называется этот обряд?

— Похищение невесты.

— Похищение?

— Нет, Вы не думайте, невеста сама мечтает, чтобы ее украли.

— А...

— Родители тоже согласны. Можно пойти в ЗАГС, но до этого, по обычаю, невесту нужно украсть!

— Украсть? О, черт, красивый обычай. Красивый обычай. Ну, а моя-то какая роль?

— Поймать невесту.

— Поймать.

— Сунуть ее в мешок.

— В мешок? Это что, тоже по обычаю? Гениально! Ну-ну?

— И передать ее кому?

— Влюбленному джигиту.

— Нет. Нет.

— И передать кунакам влюбленного джигита.

— Ах, кунакам?

— Так требует обычай.

— Понятно.

— О, кстати, вот и они. Я сейчас познакомлю.

— С удовольствием.


— Знакомьтесь.

— Шурик.

— Саша.

— А-а-а!

— Простите... Садитесь.

— Они совершенно не говорят по-русски. Но все понимают.


— Бакварли! Кузал!

— Что он говорит?

— Он говорит: приятного аппетита.

— А!

— **Кушайте, кушайте**.

— Спасибо большое. Спасибо.

— Бамбарбия. Кергуду.

— Что он сказал?

— Он говорит, если Вы откажетесь- они Вас зарежут. Шутка.

— Шутка... Я согласен.

— Ну и прекрасно. Нина будет очень рада.

— Значит, невесту зовут Нина?

— Нина. Моя племянница.

— Разве у Нины есть жених?

— Они обожают друг друга.


— А... Я ж совсем забыл. Я завтра должен... В-общем, вы меня извините, я не могу этого сделать. Никак.

— Товарищ Шурик.

— А?

— Самое главное, Нина просила, чтобы это сделали именно Вы.

— Нина сама просила?

— Очень.

— Ну что ж, передайте Нине, что я согласен. До свидания.

— Но учтите, обычай требует, чтобы все было натурально. Никто ничего не знает.

Невеста будет сопротивляться, брыкаться, даже кусаться, звать милицию, кричать: "Я буду жаловаться в обком!",- но Вы не обращайте внимания. Это старинный красивый обычай.

— Я понимаю. Не волнуйтесь. Все будет натурально. До свидания.

— До свидания.


— Шурик... Что Вы делаете, Шурик?

— Только ничего не надо говорить.

— Что с Вами, а?

— Я пришел проститься с Вами.

— До свидания, Шурик.

— Прощайте, Нина. Будьте счастливы.

— Прощайте, прощайте.


- Что грузите?

— Невесту украли, товарищ старшина.

— Шутник! Будешь жарить шашлык с этого невеста, не забудь пригласить.

— Так это был не обряд? Ее действительно украли.

— Да.

— Кто украл? Ах, да... Кто жених?

— У нас иногда узнают об этом только на свадьбе.

— **Свадьбы не будет!** Я ее украл, я ее и верну!

— Товарищ Шурик! В чем дело? Что случилось?

— Преступление, украли!

— Что украли? Ишака Вашего украли, да?

— Девушку, Нину.

— Нину?

— Я единственный свидетель.

— Нет, Вы не свидетель, Вы- похититель, преступник!

— Ну я же не знал!

— Какой позор, какой позор, клянусь, честное слово, понимаете ли, на весь район, на весь район!

— Я же не знал!

— Я лично займусь этим делом. Этот таинственный жених- подлец ничтожный! А кстати, вы не знаете, кто это, да? Нет, да?

— Да ну...

— Очень жаль, очень жаль. Подлец, подлец, аморальный тип, просто **аморальный тип**! Большой спасибо за сигнал. На этом отдельном отрицательном примере, мы мобилизуем общественность, поднимем массы...

— Правильно! А я пойду в милицию.

— Какой милицию, слушай? Арестуют немедленно тебя. Они же формально обязаны Вас посадить - посадят.

— ... ...

— Деньги есть?

— А?

— Одно спасение - исчезнуть. Я все сделаю сам. Нина будет спасена. Этих негодяев мы будем судить показательным судом. А Вы приедете на этот процесс действительно, как свидетель.

— Нет, я не имею права злоупотреблять Вашим благородством.

— Каким благородством?

— Вы же рискуете из-за меня. Формально вы прикрываете преступника. Нину-то украл я! Я должен сам искупить свою вину. Спасибо, огромное вам спасибо.

— Товарищ Шурик! Зачем милиция? Не надо этих жертв. Прямо к прокурору. Он все поймет.

— Дорогие гости, добро пожаловать.

— Скажи, Марим, прокурор у Вас?

— У нас, у нас, все у нас, весь город у нас, только вас ждали. Вина дорогим гостям!

— Нет-нет, спасибо, я не пью. Нам бы прокурора.

— Нельзя, отказываться нельзя. Кровная обида. Пожалуйста.

— Прошу! Проходите, пожалуйста, проходите.

— Райбольница, да? Приезжайте немедленно на улицу Гоголя, 47. Да. Дом Капитанаки. Да-да-да, где именины. С одним из гостей совсем плохо, слушайте. Немедленно прошу.

— Песни поет, да? Хорошие песни поет...

— Вы понимаете, это очень тяжелая форма заболевания. Просто, просто надо спасать человека, так стоит вопрос, честное слово, клянусь. Вы понимаете, на почве алкоголизма у него появляются какие-то навязчивые идеи. Какая-то украденная невеста. Он рвется все время кого-то спасать, просто помутнение рассудка, честное слово.

— Ясно. Делириум тременс.

— А?

— Белая горячка.

— Да, белый, горячий, совсем белый.

— Вы не волнуйтесь. Через три дня поставим на ноги.

— Э, нет, торопиться не надо, торопиться не надо. Это наш гость. Важно вылечить. Важно вернуть обществу полноценного человека, да? Торопиться не надо.

— Постараемся. До свидания.

— До свидания.

### Задание 9. Правда или ложь?

|   | правда | ложь |
|---|---|---|
| 1. Шурик сразу понял, что похищение невесты — это преступление, и отказался участвовать. |  |  |
| 2. Нина действительно сама просила, чтобы её украл Шурик. |  |  |
| 3. Родственники объяснили Шурику, что сопротивление невесты во время похищения — часть обычая. |  |  |
| 4. Шурик согласился похитить Нину, потому что поверил, что это традиция. |  |  |
| 5. Настоящий жених Нины участвовал в организации похищения. |  |  |
| 6. Шурик был уверен, что станет свидетелем преступления, но его самого обвинили в похищении. |  |  |
| 7. Чиновник назвал похищение «позором на весь район» и обещал найти виновных. |  |  |

8. Врач решила, что у Шурика «делириум тременс» (белая горячка).

**Задание 10. Посмотрите четвёртую часть фильма.**

Если б я был султан,

Я б имел трех жен

И тройной красотой был бы окружен.

Но с другой стороны, при таких делах,

Столько бед и забот,

Ах, спаси аллах.

Неплохо очень иметь три жены,

Но очень плохо с другой стороны.

— Все в порядке, можете приезжать.

Зульфия мой халат гладит у доски

Шьет Гюли, а Фатьма штопает носки

Три жены красота, что не говори

Но с другой стороны тещи тоже три.

Неплохо очень иметь три жены

Но очень плохо с другой стороны

Как быть нам, султанам,

Ясность тут нужна.

Сколько жен в самый раз:

Три или одна?

На вопрос, на такой

есть ответ простой:

Если б я был султан-

был бы холостой.


Неплохо очень совсем без жены,

Гораздо лучше с любой стороны.


— Открой!

— Ах так! Ну, хорошо. Я объявляю голодовку! И теперь никто, кроме прокурора, сюда не войдет!

— Поберегись!


— Типичный делириум тременс. Рвется спасать какую-то девушку, которую украли, как ему кажется. В общем, он ведет себя так, как предупреждал нас товарищ Саахов.

— Да-да, он мне тоже звонил.

— А сейчас он находится в состоянии кататонического возбуждения и требует, чтобы Вы немедленно его приняли.

— Требует- примем. Давайте, давайте.

— Осторожней.

— Нда, диагноз товарища Саахова явно подтверждается.

— Вы сказали Саахов?

— Саахов, Саахов.

— Так это он упрятал меня сюда?

— Не упрятал, а направил в момент кризиса.

— Острого.

— Острого кризиса.


— Так я вам вот что скажу: Саахов и украл эту девушку.

— Правильно, украл. И в землю закопал, и надпись написал.

— Вы послушайте. Саахов...

— Идите, идите. Мы Вас вылечим. Алкоголики - это наш профиль.


— Развяжите меня.

— **А Вы будете себя хорошо вести?**

— Развяжите.


— Я понимаю. Вы все мне не верите. Могу я видеть прокурора?

— Можете. Где у нас прокурор?

— В 6-й палате, где раньше Наполеон был.


— Ты можешь не есть, ты можешь не пить, ты можешь молчать, все равно это тебе не поможет. Лучший жених района предлагает свою руку и сердце.


— Сервиз.

— Что?

— До сервиза дошла.

— Большой сервиз?

— 12 персон, 96 предметов.


— **Совести у тебя нету.** Ты плюешь на наши обычаи. Что? Глупо. У тебя же нет другого выхода.

Ты хочешь сказать, что тебя будут искать? Правильно, обратятся к родственникам, а родственник- это я. А я скажу, она бросила институт, вышла замуж и уехала. Так вот что я тебе скажу. **Да не перебивай, когда с тобой разговаривают!** В-общем, так: или выйдешь оттуда женой товарища Са...- ах, какого жениха! Или вообще не выйдешь. Вот это другое дело. Умница. Открой дверь, сейчас ты познакомишься с дорогим женихом.

— Что?

— Шляпу сними.

— Слушай, обидно, клянусь, обидно, ну, ничего не сделал, да, только вошел.

— Молодая еще, капризная.

— Какой капризная, слушай, хулиганка! В-общем, так. Мне теперь из этого дома есть только два пути: или я ее веду в ЗАГС, либо она меня ведет к прокурору.

— Не надо.

— Сам не хочу.

— Ну ничего. Через день она проголодается, через неделю тосковать будет, а через месяц умной станет.

—Ничего, будем ждать.

— Будем ждать.

— Будем ждать.

— Помните, товарищи. Вы, наконец, должны оправдать оказанное вам высокое доверие. А за нее отвечаете головой.

— Будем стараться, дорогой товарищ Джабраил.


— Сообразим на троих?

— **Грешно смеяться над больными людьми.**

— Серьезно, я сбегаю, а?

— Отсюда не убежишь.

— Есть один способ.


— Стой, псих! Что бежишь, как сумасшедший? Ха-ха... Где твой ишак?

— Здравствуй! Что случилось? Куда торопишься?

— Туда, туда.

— Садись, подвезу.

— Ой-е-е...


— Куда тебя везти?

— Вот что, я тебе все расскажу, а ты уж сам решишь, куда меня везти. Только давай поскорее.

— Машина зверь, слушай. **Будь проклят тот день, когда я сел за баранку этого пылесоса!** Недаром говорил великий мудрый...


— Пиши с новой строчки. Обед,- подчеркни, от супа отказалась.

— Отказалась.

— В скобках- суп харчо.

— Харчо...

— Дальше. Три порции шашлыка- выбросила в пропасть.

— В пропасть.

— Теперь вино. Разбила 2 бутылки.

— Три.

— Пиши три.

— Три бутылки. Хе...

— Так. Пиши-пиши. Фрукты- апельсины.


— Дача товарища Саахова?

— Ага.

— Санэпидемстанция.

— Вам кого?

— В районе эпидемия. Поголовные прививки. Ящур! Распишитесь! Обязательное постановление.

— Рубашку снимать?

— Как раз рубашку не обязательно. Ложитесь на живот.

— А! А-а...

— Спокойно. Я еще не колю.

— А.

— Нет еще.

— Скажите, а это не больно?

— Все зависит от диаметра иглы.

— Скажите, а у Вас диаметр... А-а... Уже, да?

— **Спирт?**

— Спирт.

— А.

— Лежите, не двигаясь. Это новейшая вакцина замедленной усвояемости.

— В доме больше никого нет?

— Нет, нет никого.

— Спокойно, лежите, лежите. Иначе - "мементо море".

— Моментально...

— В море!

— Ясно?

— Ясно.

— Да, понятно.

— Ассистент, воды!

— Нина здесь, я уверен.

— Найди и предупреди её.

— А когда они уснут?

— Через полчаса. Иди, иди

**Задание 11. Правда или ложь?**

|  | правда | ложь |
|---|---|---|
| 1. Шурик поёт песню о султане и трёх жёнах. | | |
| 2. Врачи решили, что у Шурика «белая горячка» и он алкоголик. | | |
| 3. Врачи поверили Шурику и немедленно вызвали прокурора. | | |
| 4. Нину держали взаперти. | | |
| 5. Родственники Нины пообещали искать её по всему СССР. | | |
| 6. «Медики» вкололи снотворное похитителям. | | |
| 7. План побега заключался в том, чтобы дождаться, когда противники уснут. | | |

**Задание 12. Посмотрите пятую часть фильма.**

— Фильтрующийся вирус ящура особенно бурно развивается в организме...

— **Короче, Склихасовский!**

— Тебе не интересно, не мешай. Пожалуйста, дальше!

— ... Особенно бурно развивается в организме, ослабленном никотином, алкоголем и...

— излишествами нехорошими.

— Да. Таким образом...

— Нина, Нина, где Вы?

— Тихо. Иди туда.


— Утя-утя-утя-утя...

— Тс-тс-тс-тс...

— Утю-тю-тю-тю..


— Нина, Нина... Что с Вами? Нина, Нина, Вы живы? Слава Богу! Слава Богу!

А-А-А! За что?

— Предатель, подлый наемник...

— Подождите, Нина.

— Иуда! Подлец! Сколько тебе заплатили?

— Да погоди ты!

— Развяжите меня! У-у... Ничтожество, продажная шкура.

— Пустите меня! Бандит, дрянь, тупица, хамелеон, негодяй! Алкоголик, фольклорист несчастный!


— Алло. Я слушаю. Говорите, ну!


— Кыш. Кыш.

— Кар! Кар! А-ррр!

— Кто тут?

— Зззздравствуйте... Никак не ожидал Ваш приход. Такой неожиданностью для меня. Хха! Я, извините, переоденусь.

— Не беспокойся. **В морге тебя переоденут.**

— Мы пришли, чтобы судить тебя по закону гор. За то, что ты хотел опозорить наш род, ты умрешь, как подлый шакал.

— А? Вы не имеете права! Вы будете отвечать за это!

— За твою поганую шкуру я буду отвечать только перед своей совестью джигита, честью сестры и памятью предков.

— Нина, Нина, остановите их. **Мы с вами современные люди.** Это же средневековая дикость. Ну, я нарушил этот кодекс, но я готов признать свои ошибки.

— **Ошибки надо не признавать, их надо смывать кровью.**

— Вы не имеет права! **Вы не имеет права! Это- самосуд!** Я требую, чтобы меня судили по нашим советским законам.

— А покупал ты ее по советским законам? Или, может, по советским законам ты ее воровал? Прекратим эту бесполезную дискуссию. Сестра, включи телевизор погромче. Начнем.

— Не надо, не надо, не надо, я вас умоляю, не надо. Ну, я больше, я больше не буду! Ну, клянусь вам, я больше не буду! Позвольте мне пойти в прокуратуру... Ну, разрешите мне сдаться властям. А-А-А!!!

— А, Гамлет, молодец, слушай.

— А! Вы что, с ума сошли?

— Ну, не беспокойтесь, это только соль.

— Соль, соль.


— Встать! Суд идет!

— **Да здравствует наш суд- самый гуманный суд в мире!**

— Прошу садиться.

— Садитесь.

— **Спасибо, я постою.**

— Гражданин судья, а он не может сесть.

— Ха-ха-ха-ха-ха!

Вслед за весенним ливнем

Раньше придет рассвет,

И для двоих счастливых

Много-много лет

Будут сверкать зарницы,

Будут ручьи звенеть,

Будет туман клубиться,

Белый, как медведь.

Ла, ла-ла-ла, ла, ла-ла,

вертится быстрей земля.

Ла, ла-ла-ла, ла, ла-ла.

### Задание 13. Обсуждение «Советский суд и суд гор».

В фильме мы видим два суда — народный (по «закону гор») и советский (суд в финале).

- В чём разница между этими судами?
- Почему авторы фильма высмеивают «самосуд»?
- Какая идея о справедливости передаётся зрителю?

### Задание 14. Сопоставление с современностью.

В фильме Саахов ссылается на «советские законы», хотя сам их нарушает. Найдите пример в реальной жизни (исторический или современный), когда человек прикрывался «законом», но сам действовал против него.

### ЭТО ИНТЕРЕСНО ЗНАТЬ

**Вместо тревожных новостей — балет: почему в СССР в трудные времена показывали «Лебединое озеро».**

33 года назад, 19 августа 1991 года, советский народ проснулся как обычно. Люди заваривали себе чай, готовили завтрак и тянулись к пульту от телевизора в надежде посмотреть какую-нибудь развлекательную передачу. Но не тут-то было: абсолютно все

каналы показывали легендарный балет Петра Ильича Чайковского. На этом утро перестало быть добрым, ведь стало ясно, что в стране происходят какие-то страшные события.

Казалось бы, что может связывать трагическую любовную историю и политику? На самом деле очень многое. Ради показа «Лебединого озера» в советское время перекраивали сетку вещания — причем всех (целых двух!) телеканалов. А началось это со смерти Леонида Ильича Брежнева. В тот все милиционеры ждали праздничный концерт с выступлениями самых популярных звезд эстрады в честь Дня милиции, однако вместо него с утра до ночи смотрели балет.

Затем все то же самое происходило в день смерти Юрия Владимировича Андропова, после — Константина Устиновича Черненко. Тому есть простое объяснение: в день траура ставить развлекательные, аналитические, новостные передачи (да в общем-то все) считалось кощунственным.

Об устойчивой ассоциации балета с политическими событиями помнят и до сих пор. Так, в самый разгар пандемии Covid-19 трансляция балета от 27 марта 2020 года на YouTube-канале Большого театра стала предметом шуток и набрала более 1 млн просмотров — результат всего за одни сутки!

А во время августовского путча 19 августа 1991 года большая часть населения СССР могло выучить каждое движение артистов, каждую деталь их костюма, все витки сюжета, потому что тогда лебеди танцевали на экранах телевизоров три дня подряд с утра и до самой ночи.

В Кремле посчитали, что демонстрировать все страшные события на ТВ опасно, потому дали отмашку включить запись балета 1983 года. И зациклить на трое суток. Но почему именно его?

Во-первых, спектакль длился довольно долго, так что им можно было занять большую часть эфира. Во-вторых, это гордость СССР, настоящая классика. Билеты на постановку выдавались в качестве наград для передовиков производства, на нее в обязательном порядке водили все иностранные делегации. Ну и в-третьих, «Лебединое озеро» может оказывать некий гипнотический эффект: в нем отсутствует речь, только музыка и танцы, способные буквально оторвать зрителя от реальности.

https://www.techinsider.ru/design/1653129-vmesto-trevojnyh-novostei-balet-pochemu-v-sssr-v-trudnye-vremena-pokazyvali-lebedinoe-ozero/

# Глава 5.
# Умом Россию не понять

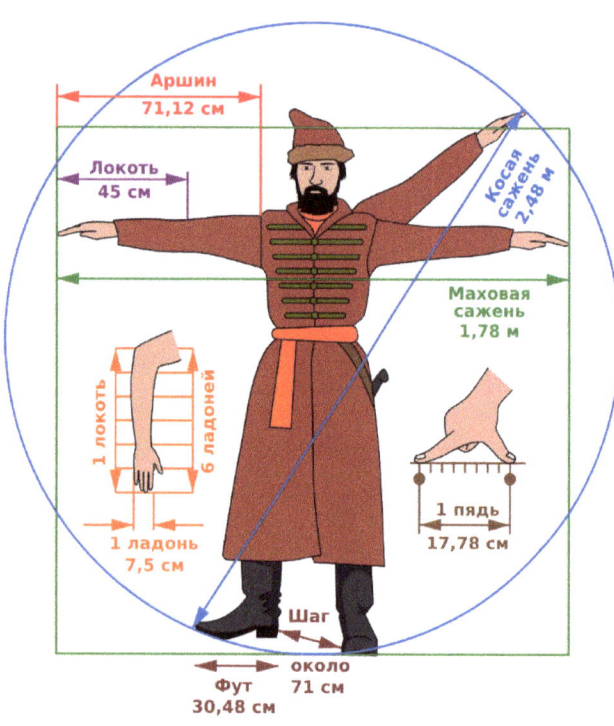

> Умом Россию не понять,
> Аршином общим не измерить:
> У ней особенная стать —
> В Россию можно только верить.
>
> *Фёдор Тютчев*

**Задание 1.** Посмотрите на картинку. Что такое аршин, сажень, пядь? Используются ли эти меры длины в России сегодня?

**Задание 2.** Прочтите стихотворение Фёдора Тютчева. Как Вы думаете, о чём идёт речь в этом стихотворении? Подчеркните, что Вы не совсем понимаете. Как Вы думаете, каких политических взглядов придерживался автор стихотворения? Почему?

**Задание 3.** Посмотрите лекцию о Фёдоре Тютчеве.

Всем привет. Меня зовут Настя. Мы продолжаем наш разговор о русской литературе. И вот мы с вами перешли ко второй половине XIX века. Это уже новый такой литературный период с новыми дискуссиями, проблемами, с новыми такими новаторскими решениями. Поэтому мы с вами потихоньку начинаем разговор об этом. И начнем мы с Федора Ивановича Тютчева, поэта второй половины 19 века. Разберемся с основными темами его лирики, с литературным направлением, в котором он работал. И посмотрим на то, как менялась поэтическая риторика. Как менялись философские идеи у поэтов, как они, как они соответствовали общественно-политической картине мира. Разберем уже немножечко новое время, которое, безусловно, отличалось от того, о чем мы говорили ранее. Перед тем, как обсуждать Тютчева, непосредственно его биографию, мы с вами немножко поговорим буквально немного об историко-литературном контексте. Мы с вами говорили много о направлении «романтизм». И важно отметить, что где то в середине XIX века романтизм как будто бы стихает. После смерти Лермонтова кажется, что все уже это направление изжила себя, и больше оно в литературе не появится.

Но во второй половине XIX века возникает такое явление, как поздний романтизм. То есть это направление продолжает жить, только оно переработано немножечко, и оно оказывается, очень оказывается подходящим ко второй половине XIX века, как оно переработалось? Дело в том, что лирический герой позднего романтизма, он по-прежнему сильная личность, но он теперь не избранный и не исключительный. То есть теперь он больше приближен ко всем нам, показан более земной и реально показана его способность тонко чувствовать мир, ощущать всю реальность и все духовные искания. Но теперь это практически обычный человек, то есть на не какой-то возвышенный, стремящийся уйти и сбежать из этой реальности. Напротив, он теперь в этой реальности находится и пытается как-то ее понять. И идеал теперь лирический герой романтизма позднего ищет не где-то вне, в каком-то неизвестном там. Он теперь ищет ее здесь, в реальности. И, как правило, идеалом становится природа. Опять же, рост городов у нас во второй половине 19 века наблюдается потихонечку, мы идем с вами к такой промышленной истории. И природа опять появляется, еще больше развивается ее изображение. И поздние поэты романтики обращались к ней и видели в ней спасение, скажем так, для человека, возвращение к его естественной духовной среде и для романтической поэзии поздней становятся очень важными точность и детализация. То есть теперь у нас нет практически каких-то общих слов, каких-то пафосных фраз обо всем. Например, у Пушкина в его романтической лирике есть стихотворение «Море». И там природа изображена, там нет точности, там у нас закат, туман, бушует море и дует ветер, а одновременно все четыре действия совершаться не могут. Вот поздние романтики, они этого избегают, и они стремятся к точности изображения природы. Например, точно передать полет птицы и следить за вот этим полетом птицы. Или точно передать движения цветка подсолнуха, как, например, он раскрывается и потом закрывается. То есть сменяются немножко приоритеты, и одновременно с этим поэзия становится вроде бы чуть проще, потому что нам легче представить уже картину, а не просто как бы «я надену все лучшее сразу». Но, с другой стороны, поэзия становится труднее для понимания, как будто бы более сконцентрированной. Нам сложнее представить то, что хотели романтики сказать, потому что это требует большей отдачи и большей умственной работы, скажем так.

Но мы попробуем на примере Тютчева разобраться с его философией в особенности. Она непростая, но мы я думаю, поймем. Теперь поговорим непосредственно о биографии Тютчева. Тютчев родился в Орловской губернии, в достаточно богатой семье, и с детства он демонстрировал выдающиеся способности к обучению, получил прекрасное домашнее воспитание и образование. И в 12 лет, например, уже переводил Горация. Гораций - это античный поэт. То есть человек знал в совершенстве язык и мог перевести стихотворение. Это, конечно, заслуживает похвалы и даже немножечко зависти. Дальше Тютчев на год раньше даже чем должен, поступает на словесное отделение Московского университета. С успехом учится, прекрасно справляется с учебой, начинает делать карьеру. Его замечают при дворе, он становится дипломатом. То есть вот это важно про Тютчева сказать, что он всю свою жизнь работал дипломатом. И в 1822 году уезжает в Германию, и 22 года он проводит за границей. То есть Тютчев становится поэтом русским с зарубежным опытом, с опытом жизни в Европе, с опытом наблюдения за тем, что в Европе происходит, а не просто исключительно русским поэтом.

Но о его отношениях с Родиной тоже мы чуть позже поговорим. Какое оно было особенное и немножечко трудное для понимания, возможно. 22 года он за границей много работает, очень бурная у него такая светская личная жизнь. На следующем уроке поговорим о любовной лирики его и он пишет, пишет он и печатается в России, хотя пишет в Германии, стихотворения его пользуются популярностью в России, но с 30 х 40 х годов у него наступает пауза в лирике. Однако писать он продолжает. Он много занимается публицистикой и пишет такие серьезные общественно-политические и философские статьи. В основном его заботит европейская культура, И Тютчев предрекает крах, предрекает ее закат, потому что он становится свидетелем французских революций и убежден в том, что европейская культура неизбежно исчезнет. Вообще важно сказать, что закат Европы предрекают в любом веке. Но Европа как-то стоит вроде бы на месте и закатывается, никуда не собирается. Тютчев был убежден в том, что вот что-то сейчас произойдет и на смену Европы придет Россия молодая, Россия, которая обладает огромным потенциалом. И вот нужно не дать ему пропасть и реализовать его в России. Чуть позже в стихотворении поговорим, какой конкретно потенциал и как его реализовывать. Далее в 40-х годах он возвращается в Россию и становится и начинает работать в Комитете иностранной цензуры. Что это значит? Тютчев внимательно следит за всеми зарубежными публикациями, которые оказываются в России. Тютчев пропускает в Россию множество журналов, произведений. Вот цензура при нем смягчается. Мы много будем с вами говорить о цензуре, потому что вторая половина 19 века, особенно вторая половина правления Николая I, это время с 1848 по 55 год, который называется «Мрачное семилетие». То есть цензура все сильнее влияет на авторов, мешает их творчеству. Из-за цензуры авторов арестовывают, сажают в тюрьмы. Об этом поговорим дальше. И вот Тютчев, он пытался смягчить ее хотя бы зарубежной стороны, хотя бы в комитете, где он работал в Комитете иностранной цензуры, чтобы больше попадало литературы, больше люди читали. Это довольно интересно. И в 50-е годы он возвращается в поэзию. Он пишет очень много. И дальше его жизнь складывается довольно ярко. Особенно важно будет поговорить отдельно про личную жизнь.

На следующем уроке мы это обсудим. Но конец жизни у Тютчева довольно безрадостный, потому что умирают его дети, умирает его мать, умирает возлюбленная. Он до последнего пишет, он работает, но его самого сражает болезнь, он оказывается прикован к постели. И в 73 году, 19 июля умирает, умирает, в отчаянии умирает, думая о том, что Бог его покарал и лишил всего, что ему было дорого. Почему? Обсудим на втором уроке, когда будем разбирать любовную лирику Тютчева. Видим, что жизнь очень интересная, не похожая на жизнь авторов прошлых, которых мы разбирали как минимум по длине. Он прожил 70 лет это и дольше, чем и Пушкин, и Лермонтов, и Гоголь, и поэт с необычным опытом - жизнь за рубежом. То есть, в отличие от русских писателей, публицистов, которые как-то домысливать то, что происходит в Европе, Тютчев непосредственно принимал в этом участие и видел, да, он домысливать то, что происходило в России, но зато европейский опыт мог себе представить и как-то донести до родины. Поэтому его еще знают помимо поэта как такого важного серьёзного публициста.

Мы поговорим с вами в основном о поэтическом его творчестве. Тютчева часто называют поэтом-мыслителем, поэтом-философом. Честно скажу, что поэзия непростая. Чтобы понять его философию, нужно будет прямо задуматься и приложить много усилий. Мы разберем это, чтобы четко понять, что же он имел в виду. Так как Тютчев был адептом позднего романтизма, а романтизм, он сохраняет идею двоемирия. Только двоемирие у него теперь не то, которое мы привыкли видеть, не идеальный мир какой-то и который нужно найти и ужасная реальность, которая здесь. Тютчев очень много думает о двойственности, о том, что в мире есть одновременно и хаос, и порядок, и они друг друга сменяют, о том, что в душе человека... душа человека состоит из противоречий. И все время что-то вот такое вот в нем кипит. То есть вот больше даже идея двойственности философии у Тютчева. И не просто в каждом стихотворении, а на протяжении всей философии, потому что очень часто эта концепция не стройная. То, что он утверждал в одном стихотворении, он опровергает, в другом.

Поэтому очень сложно линейно выстроить прямо хронологически, что он считал, и точно сказать, о чем конкретно он думал. То есть вся жизнь его как будто бы соткана из таких противоречий. И лирика, соответственно, тоже этому воздействию. Но то, что характерно для Тютчева, это опять же недостижимый идеал в виде природы. Вот только что он думает об этом идеале? Это тоже интересно. Мы разберем стихотворение. Давайте как раз к разбору лирики перейдем, чтобы лучше было понятно, что же за двойственность Тютчев тут имел в виду.

А прекрасное стихотворение «День и ночь». Небольшой весь текст вы видите на экране. День и ночь это уже два сменяющих друг друга явления. Уже двойственность всегда сменяется ночью. После ночи всегда наступит день. Лирический герой в данном случае, точнее, сам Тютчев. Что же он думает? Тютчев понимает, что днем человек счастлив, днем все, день наполнен светом, день наполнен пониманием реальности происходящего. Днем все светло, благо, благонамеренно и понятно. Но потом наступает ночь. И ночь это время хаоса, время тьмы. Время страшное, немножечко пугающе. И вот это вот цикл круговорот все время сменяют друг друга, день будет сменяться ночью. Время понимания и спокойствия обязательно сменится временем хаоса и какой-то непрекращающейся борьбы. И конца этому никогда не будет, потому что никогда не будет целого дня и целой ночи. Вот, например, в этом стихотворении мы видим такое важное философское направление мысли Тютчева. Вот так он объясняет устройство Вселенной, например. Романтиков волновал не просто мир, а Вселенная, как безграничный космос. То есть вот что-то такое. И вот Тютчев, в принципе, выдвигать такую свою гипотезу, например, о дне и ночи, о смене состояний человека, состояние его души от хаоса к порядку, от порядка к хаосу. Вот так вот, вот так вот все время. Следующее стихотворение- мое любимое стихотворение Тютчева, оно связано, противоречиво связано. Дело в том, что оно связано со словом, оно посвящено… часто… это стихотворение относится к теме поэта и поэзии. Стихотворение называется «Silentium!». Это «молчи» по-латински. Дело в том, что Тютчев поэт, поэт, как мы с вами понимаем, он работает со словом, с помощью слова он должен передавать мир переживания. Но поэт сталкивается с так называемым невыразимым, потому что мы не можем выразить все, абсолютно все при помощи только слова. Стихотворение оно об этом. Смотрите, что Тютчев… Знаменитый афоризм: «Мысль изреченная есть ложь». То есть, как только мы что-то облекаем в слова, мы уже теряем те оттенки и грани смысла, которые могли бы передать. И вот смотрите, какое противоречие получается. Человек наполнен духовными переживаниями, у него в душе целый мир, но он не может это выразить словами, потому что словами никогда до конца нельзя выразить то, что ты чувствуешь. Тютчев поэт, он пытается выразить как поэт. Он не может по-другому, но он понимает, что у него никогда не получится выразить это стопроцентно. Вот еще одна идея противоречия, еще одни — вот это вот искания. Поэтому призывает Тютчев своих читателей «Молчи, скрывается и таи», потому что у тебя все равно никогда не получится с помощью слова полностью выразить то, что ты имеешь в виду. Вот эта идея «невыразимого» это так и называется, невыразимое как-то бессознательно или что-то такое.

Вот эта идея характерна для романтиков. Они понимали, что как бы они ни старались, как бы они ни пытались, у них никогда не получится полностью передать словами, слишком беден язык для того, чтобы передать все переживания, всю глубину душевного мира, все вот это вот все, вот эти перипетии. Тютчев тоже это понимает и декларирует в этом стихотворении. Поэтому он призывает нас молчать, «внимай их пению и молчи», переживай это все внутри себя, потому что никогда не получится выразить это полностью. Хотя сам Тютчев поэт и вроде бы всю свою лирику пытается это выразить, но знает, что никогда не выйдет. Вот двойственность, вот философия этой двойственности. Более конкретно мы ее видим и, я думаю, лучше понимаем. И теперь по поводу природы. Природа как высший идеал. Здесь тоже все не так просто, здесь тоже не будет ясности и простоты. Вот что точно скажем и про лирику Тютчева. Здесь нет простоты и ясности. Здесь будет какой-то всегда барьер, всегда преодоление, какое-то понимание, что вот мир, он все время наполнен вот чем-то таким, что нельзя преодолеть.

Вот мы разобрались с днем и ночью, мы увидели это в «Silentium!» и теперь разберемся с природой. Что же, почему не получается природы достичь? Стихотворение — вот это - оно написано в таком сильном тоне, А Тютчев нем обращается к материалистам. Дело в том, что вторая половина XIX века — это расцвет идей материализма, то есть материальных ценностей, понимания, что только прикладной труд и какие-то занятия, где есть видимый результат, только они приводят к какому-то прогрессу. Материалист там был, например, Базаров, в «Отцах и детях», который говорил, что «полезный химик в 100 раз лучше любого поэта». То есть чтобы мы лучше понимали, что это такое. Вот здесь Тютчев обличает эти идеи материализма и с такой претензией обращается «Не то, что мните вы природа: не слепок, не бездушный лик, в ней есть душа, в ней есть язык». Кстати, тот же самый Базаров говорил: «Природа не храма, мастерская, человек в ней работник», разные временные промежутки. Но просто чтобы мы лучше понимали, что материалисты имели в виду и против чего протестует Тютчев. Он объясняет, что природа это... в ней есть, в ней есть душа, лучше и не скажешь.

Действительно, природа — это не какой-то фон, который может заменить что-то материальное, что-то материальное. Обязательно будет лучше, чем эта самая природа. Природа — это идеал скопления вот этого вот этих всех духовных переживаний эталон существования. Человек все время портит природу. Человек как бы все время пытается оторвать себя от этого натурального естественного предназначения, в то время как, наоборот, нужно туда стремиться. Но парадокс заключается в том, что, по мнению Тютчева, нам никогда не удается, не удастся сблизиться с природой так, как мы могли бы. Видите, опять преодоление, опять какой-то барьер, опять какая-то попытка — вот понимания, что не будет в этом мире что-то идеально... Вот этот романтизм и ничего не получится. То есть и здесь, в этом стихотворении дальше Тютчев продолжает обличать этих материалистов, показывая их, насколько они не глубоки. То есть он пишет: «Лучи к ним в душу не сходили, весна в груди не цвела». То есть они несчастны и бедны от того, что вот эту благодать они не приняли в себе, не смогли.

То есть отгородились от нее. Он в конце даже восклицает, что «Души его, ах! не втревожит и голос матери самой». То есть это настолько бесчеловечно, настолько цинично- относиться вот так к природному миру, отгораживаться от него, что Тютчев это сравнивает с тем, что даже мать ничего не значит, что природа как будто бы мать. Ничего не значит для этих реалистов, обличительный тон в который, через который Тютчев возвеличивает природу, объясняет, что именно в ней заключенный идеал. Но опять же не получится достичь всеобщей гармонии, потому что вот есть такие люди, как материалисты, которые не хотят это принимать и сближаться с природой. Соответственно, опять идеал недостижим. Опять у нас ничего не выходит. То есть мы видим, что вот в этой философской лирике у Тютчева такая философия двойственности мира, потому что все время все противоречит друг дружке и никогда конца и края не будет этим противоречиям. Вот как это выражено. Но последнее, о чем нам стоит поговорить, это отношения Тютчева к России. Как я уже сказала, 22 года своей жизни Тютчев прожил в Германии.

Это не большая часть, потому что ему было 73, но все равно достаточно значительное. Тютчев, как я уже говорила, предрекал закат Европы, считал европейскую культуру, конечно же, эталоном, но понимал, что вот-вот она уже разрушится, близок ее цивилизационный конфликт, близок его конец. Соответственно, Россия как молодая страна, она сможет взять вот эту эстафету у Европы и продолжить развивать эту культуру. Потому что у России вот этот богатый потенциал, а самое главное сильный народ. Взгляды Тютчева — это славянофильство… в конце второй половины XIX века. У нас есть западники, люди, ориентирующиеся на западный путь, считающие его эталоном, и славянофилы, которые убеждены в исключительности русского народа, в особенном пути. Вот, как говорят, у России особый путь. Это все восходит туда. Тютчев, конечно, был убежденным славянофилом, который верил в особый путь России, который не подчиняется каким-то законам, он не может быть списан с уже существующего пути. Мы не можем повторять за кем-то. У России путь какой-то свой. Поэтому знаковое стихотворение

«Умом Россию не понять,

Аршином общим не измерить:

У нее особенная стать-

В Россию можно только верить».

Стихотворение много раз цитировали, цитировали по-разному. Но вот это эталон Тютчевских размышлений о России. Умом Россию не понять. То есть ни умом- в смысле, что все люди глупые. А умом логичным, рациональным. То есть у России какой-то будет путь чувственный, духовный, опять же духовное как эталон, как идеал. Аршином общим не измерить. Да, к России нельзя применить пути как развитие, как Европа развивалась. Потому что Россия страна с отдельной историей, с отдельными событиями. Тут, конечно, сложно поспорить. Хотя мы все понимаем, что в истории всегда есть закономерности, и у России закономерности общечеловеческие тоже присутствуют. И вот последнее предложение, которое, скажем так, много раз коверкалось, что в Россию можно только верить. Конечно же, явно Тютчев имел в виду то, что для того, чтобы Россия развивалась, нужно очень любить Родину. С этим сложно поспорить. Для того, чтобы действительно что-то менялось, нужно полностью принимать все, что происходит.

И любить это верить в лучшее. Но часто эту строчку используют как оправдание, что можно просто верить, не принимать никаких усилий. Но это неправильная вера, потому что истинная вера, она побуждает к действиям… вот эту истинную веру, скорее всего Тютчев здесь имел в виду, что только искренние чувства к родине и попытка ее перекроить на какой-то западный лад, как у других, потому что там кажется, что там хорошо. Нет, ориентация на народ, ориентация на естественные потребности народа. Тютчев больше говорил об этом, был убежден в этом и, конечно же, активно полемизировал, дискутировал с западниками, которые верили в абсолютно другое. Вот. Вот это тоже, опять же противоречие. Опять же, два лагеря для второй половины 19 века очень характерно, и мы с вами глубже увидим это противостояние в других текстах у других авторов. А так мы увидели с вами тоже такое убеждение автора мировоззрения в крахе Европы и в воскрешении, какое-то перерождение России, которая непременно после этого краха состоится как Европа. Вроде пока ничего плохого не произошло, не исчезла с карты мира, европейская культура процветает.

Поэтому, может быть, нам еще очень долго ждать этого перерождения, а может быть, нужно действовать было как-то совсем по-другому. Опять же, сослагательное наклонение ничего не сможем тут предъявить нового. И, соответственно, если подводить итоги, да, мы с вами увидели, что непростые стихотворения, сложные для разбора, сложные именно из-за идеи, да? Идеи вот этой двойственности, попытки передать эту двойственность, попытки усмирить хаос. Но понимать, что хаос всегда есть, усмирить его нельзя. И вот это разочарование от того, что эту двойственность никогда не удастся преодолеть и как будто бы непринятие вот этого вот для чего очень характерно это. И мы увидели это прекрасно в его творчестве. Ну и, безусловно, если мы говорим про Россию, это, конечно же, любовь к родине и вера в особый путь, который не похож ни на какой другой в мировой практике, какой-то свой особенный, самостоятельный должен быть и самостоятельный путь, предполагает ответственность за решения, а не за подглядывание и попытки перенять что-то другое. То есть Тютчев больше ратовал за это.

Мы познакомились с вами с его биографией, познакомились с вами, с его философией, с его отношением к Родине. В следующем уроке поговорим о его любовной лирики. Это тоже преодоление и та самая двойственность. А пока спасибо вам за внимание. До встречи в следующий раз.

### Задание 4. Отметьте верные варианты ответов.

| 1. В каком литературном направлении работал Тютчев? | a) Классицизм<br>b) Ранний романтизм<br>c) Поздний романтизм<br>d) Символизм |
|---|---|
| 2. Что отличает лирического героя позднего романтизма от раннего романтизма? | a) Он исключителен и возвышен над толпой<br>b) Он земной, чувствующий мир и ближе к обычному человеку<br>c) Он полностью отказывается от реальности<br>d) Он изображается в героическом ключе |
| 3. Как Тютчев относился к европейской культуре? | a) Считал её вечной и непоколебимой<br>b) Предрекал её крах и верил в особый путь России<br>c) Полностью отвергал и презирал<br>d) Считал образцом для подражания без критики |
| 4. Основная философская идея Тютчева, проходящая через всю его поэзию: | a) Гармония мира и человека<br>b) Идея недостижимого идеала |

| | c) Философия двойственности |
| | d) Превосходство разума над чувствами |
| 5. Как Тютчев оценивал природу в противовес материалистам? | a) Как мастерскую, где человек работник |
| | b) Как фон для человеческой деятельности |
| | c) Как идеал с душой и языком |
| | d) Как случайное стечение явлений |

### Задание 5. Причина и следствие: установите связи.

1) Тютчев 22 года жил в Германии →
2) Во второй половине XIX века усиливается цензура →
3) Расцвет идей материализма →
4) Концепция «Мысль изреченная есть ложь» →
5) Тютчев был славянофилом →

**Возможные следствия:**

a) Он становится свидетелем европейских революций и размышляет о крахе Европы.

b) Поэт видит в природе душу и протестует против утилитарного подхода.

c) Литература испытывает давление, авторов арестовывают.

d) Возникает идея «невыразимого» в поэзии.

e) Он утверждает особый путь России.

### Задание 6. Прочитайте о стихотворении «Умом Россию не понять».

Ф. И. Тютчев значительную часть своей жизни провел за границей в качестве дипломата. При этом он писал стихотворения, описывающие красоту русской природы, удивительно точно воспроизводя по памяти самые незначительные детали. Многих удивляла эта способность поэта. Ответом Тютчева можно считать небольшое философское стихотворение, написанное в 1866 г.

Стихотворение «Умом Россию не понять» очень часто цитируется. Первая строчка стала крылатым выражением для обозначения особого русского пути развития. Примечательно, что такую оценку своей стране дал опытный дипломат, прекрасно знающий европейские страны. В момент написания стиха в России прошло всего пять лет с указа об отмене крепостного права. Одновременно проводились масштабные реформы во всех основных областях общественной и государственной жизни. Российская судебная система за короткое время стала одной из самых прогрессивных и гуманных в мире. Однако самые передовые технологии и идеи соседствовали с вековым бездорожьем, нищетой и неграмотностью.

Этот контраст дает Тютчеву основание утверждать, что развитие России всегда идет по своим особым законам, которые недоступны логическому анализу европейца. Да и сами русские не понимают этих законов, отдавая все воле Божьей. На протяжении веков в России складывался уникальный национальный характер. Главная особенность русского человека – поступать не в соответствии с требованиями ума, а по велению сердца.

«В Россию можно только верить» — очень глубокая фраза, неоднократно подтверждённая всей русской историей. С момента образования Древнерусского государства наша страна была постоянным объектом нападок для разных «великих завоевателей». Нищая голодная Россия с необъятными природными ресурсами представлялась легкой добычей. Где эти завоеватели? Вроде бы уже поставленная на колени страна, ждущая последнего решительного удара, находила в себе силы и давала такой сдачи, что русские войска доходили до Парижа и Берлина. Единственным спасением русского народа была безграничная вера в свою Родину, позволяющая с голыми руками идти на танки и побеждать.

Россиян упрекают в том, что они никак не могут сформулировать свою национальную идею. Стихотворение Тютчева дает свой ответ на это. Национальная русская идея живет в душах всех россиян, она не может быть выражена в словах, а тем более в каких-то логических системах.

https://rustih.ru/fedor-tyutchev-umom-rossiyu-ne-ponyat/

### Задание 7. Обсуждение.

- Что имел в виду Тютчев, когда писал это?
- Согласны ли вы, что у России «особый путь», или в её развитии действуют те же закономерности, что и у других стран?
- Можно ли сегодня использовать слова Тютчева в оправдание бездействия («в Россию можно только верить»)?

Стихотворение, которое нужно запомнить.

Россию не понять,
Аршином общим не измерить:
У ней особенная стать —
В Россию можно только верить.

# Источники:

### Глава 1

https://deti-online.com/skazki/russkie-narodnye-skazki/po-shuchemu-velenyu/

https://deti-online.com/audioskazki/russkie-narodnye-skazki-mp3/po-shuchemu-velenyu/

https://www.youtube.com/watch?v=X8sKdTTgBPQ

https://www.vecteezy.com/

### Глава 2

https://www.youtube.com/watch?v=0lI0IC1PML4&t=874s

https://www.maximonline.ru/entertainment/citaty-karlsona-vsegda-podnimayushie-nastroenie-plyus-te-chto-ty-mog-propustit-id690881/

### Глава 3

https://dzen.ru/a/Zc0YSOtsU0zES-tW?ysclid=meakb884az87804778

https://dzen.ru/a/aDB1Hs6NqhhTal-A?sid=606732548199642316

https://www.youtube.com/watch?v=y22QPUErCEE

### Глава 4

https://www.youtube.com/watch?v=0f1LxDfNpv0

https://www.techinsider.ru/design/1653129-vmesto-trevojnyh-novostei-balet-pochemu-v-sssr-v-trudnye-vremena-pokazyvali-lebedinoe-ozero/

### Глава 5

https://www.youtube.com/watch?v=_21YQW5ewpc

https://rustih.ru/fedor-tyutchev-umom-rossiyu-ne-ponyat/

## AUDIO & VIDEO materials

https://drive.google.com/drive/folders/19yBaonbfNIJYQkW475fBEuYqSAcsdt_C?usp=sharing

**Аудио:** Кирпичникова Э.
**Оформление:** Кирпичникова Э.

Наши сайты:

Tesoro Language Center www.tesorolc.com

Interesting Russian www.interestingrussian.com

https://www.youtube.com/@interestingrussian

Copyright © 2025 by Eleonora Kirpichnikova

All rights reserved.

Title: Decoding Russian Mentality: Russian Culture Between the Lines part 1

Author: Eleonora Kirpichnikova

2025

ISBN: 978-1-969191-25-1

www.ingramcontent.com/pod-product-compliance
Lightning Source LLC
Chambersburg PA
CBHW061208230426
43664CB00030B/2945